GABRIELE
AMORTH

國際驅魔師協會創始人
加俾額爾·阿摩特——著

王念祖——譯

驅魔師

Un ESORCISTA RACCONTA

梵蒂岡首席驅魔師
的真實自述

目錄

CONTENT

專文推薦

極佳的比較宗教課題

李豐楙

在臺灣所見有關「驅魔師」的專著，類似加俾額爾．阿摩特神父的這部大作，在當前「通靈少女」的氣氛猶熱之際，確實值得整個社會多加省思，尤其是宗教界與科學界。這種宗教行內人的「真實自述」能夠提醒我們的，就是在不同的歷史文化傳統下，我們也擁有相似的寶貴經驗，為什麼只能出之以影視媒體方式，而短暫引起社會轟動後，這樣的傳播效應一過又再默然以對！我們是否也能像天主教神父那樣擁有良好的條件，在宗教與科學間作為身心療癒的媒介。將這本書視為他山之鑑，到底有哪些是國內同行所欠缺的？

首先值得關注的就是驅魔條件，既有驅魔師也有心理學家和精神科醫師，三種人能夠同時在場，目的就是增加判斷的可信性：被療癒者到底是精神官能症，抑或真正是魔鬼附身？所謂的附魔現象在臺灣並不陌生，只是所用的名詞比較通俗化在地化，諸如

「卡著陰」或「陰魂附體」之類。問題在碰到這種情況後，到底找誰化解？如何作正確的判斷？類似在附魔或精障間難以確定，這樣的問題始終存在，卻缺少能像教廷所傳續的機制。只有集合三種專長者共同判斷，既可避免延誤進行驅魔，同樣也可免於延誤送醫，關鍵就在如何判斷始可令人信服？本書所提供的寶貴經驗，就是如何才能具有說服力，就像所自述的一個場景：在驅魔時有醫生在場觀察，當場所感受到的驅魔氣氛，就是這些被認為難以置信的現象，既可經得起學術觀察也可筆錄成書。

本書具有說服力的另一個條件，就是教義和實踐具有經典的依據，但書中仍然一再呼籲：天主教內部出現驅魔人才匱乏的問題！雖則並不缺少《驅邪禮典》的規範，教廷內部也仍然支持而得以代代傳承，但事實就是亟需面對當前的時代氣氛：物質主義、科學主義！

從這樣的憂慮反觀臺灣社會，其形勢更加嚴峻，民間所能遵循的只有傳統的社會文化機制，就像支持通靈少女的只是不起眼的廟宇，私下求助者在缺少制度化的協助機制下，只是「有人報就來試試看」！縱使也有基金會支持的驅魔機制，卻總是採取低調、低姿勢。這種情況下的身心療癒，到底存在什麼道理？為什麼不能有更公開的療癒機制？許多求助者通常在求醫無門的困境下，才不得不接受事實而輾轉引介！仔細閱讀本書後，難免會羨慕肯迪度神父的傳承系譜，如此分明而傳承有譜，然則臺灣、華人世界又是如何？

真正瞭解國內真實狀況的人便會知道，其實國內並不缺少性質相近的「驅魔師」，而且始終扮演不可或缺的角色；其中少數也會與醫界、學術界持續合作，所累積的都是良好的驅魔個案。唯相較於梵蒂岡的首席驅魔師，顯然較少公開著書而僅默默行善；否則就像部分的影視媒體，透過靈異節目或影片來傳播聳動的驅魔事件，因而引起廣告單位時加關注！

造成此情況的主要原因就是社會風氣的自我戒嚴狀態，尤其面對當前的科學主義或理性主義，這種情況較諸本書所抗辯的，其實更加嚴厲而冷酷！使得真正幫人化解的總是盡量低調。其實這些經驗所呈現的附魔現象，就像天主教《驅魔師》的臺灣版，其中的相似性讓人驚訝！本來這是一個極佳的比較宗教課題，東方之人與西方之人面對此一神秘經驗，既有心同理同處就可進行比較，儘管宗教有別：一為制度化宗教、一為綜攝性宗教；唯其可貴的經驗與解除的智慧，幾可證明此乃普世共同的議題。

臺灣可以自豪的就是解嚴後的宗教自由，實可作為華人世界的文化實驗島，不管是媒體所作的通俗性傳播，抑或可以提供學院進行學理的探討，所提供的乃是豐富的附魔解除經驗，較諸基督宗教，其方式頗為多元。我們所欠缺的是社會機制，尚未擁有像《驅魔師》一書的理想條件：組合驅魔師、心理學家和精神科醫師於一；同樣的，這種既嚴肅又耐讀的著作，目前公開刊布的也較為缺乏。

臺灣社會在宗教上既已多元化，期待本書出版之後，能適時激發在地驅魔師也有機會公開其驅魔的經驗，就像本書一樣能與社會分享。相信經由臺灣版和西方版的對話後，其心同理同處必有許多可以交流的經驗，既可滿足社會的窺密與好奇心理，而真正的正面意義，就是藉此累積不同民族的驅魔經驗，如此提昇解除身心療癒的化解之道，應該是精神困擾者的一大福音吧！

本文作者為政治大學名譽講座教授、中央研究院中國文哲所兼任研究員

專文推薦

認識驅魔必要性的一本好書

周學信

雖然是多年以前的往事，但是直到今日，那些場景和聲音依然歷歷在目，迴盪在我心中。懾於發自耶穌基督之名的命令，惡魔似乎開始蜷縮，卑躬屈膝地離開了被他附身的人。接著一股無形的力量衝下樓，跑出門外，雖然目不能見，但聲音清晰可聞。這是我的父親——一位在鄉下地方的牧師——刻畫在我記憶深處的驅魔景象。他不是驅魔師，但在他的牧職中，不時會碰到需要驅魔的狀況。因此，對我而言，魔鬼是非常真實的，驅魔也是理所當然之事。

從歷史的觀點來看，驅魔不符合現代人的世界觀，已經被當作落伍的老骨董了。因為附魔與驅魔之事被視為迷信，使人難以啟口，很多人對這個話題也避之唯恐不及。但是阿摩特神父卻不這樣認為。在這本書中，他本著「專業」驅魔師的身分，以他的親身經驗明確地告訴我們，驅魔不僅是必要之事，還能使受到魔鬼侵害的人得到釋放。驅魔具有聖經和神學上的根據，普遍存在於世界各文化中。即使在科學昌明的二十一世紀，相信惡魔的真實性與驅魔的必要性，仍是至關緊要之事。

《新約聖經》不但明言這股非人類的邪魔力量確實存在，更一再強調耶穌戰勝他們的事實。時人相信，彌賽亞來臨時將會彰顯他擁有驅魔的力量。耶穌不但治病，也驅魔。聖經明確記載：「他用權柄吩咐污鬼，連污鬼也聽從了他。」[1]驅魔是他事工的主要部分。耶穌常常施行驅魔，並授予門徒以他的名號驅魔的力量，這種權力也給了所有信徒。耶穌所行的驅魔，已成為基督教會施行驅魔的聖經典範；耶穌的權威及其門徒以此權威制服魔鬼，已被確立為天國將臨的末世徵兆。如果耶穌是基督徒事工的典範，那麼在耶穌傳道事工中佔有如此顯著地位的驅魔工作，也應該在教會的醫治事工中受到更大的重視。

驅魔是早期基督信仰的一項主要特徵，也深受重視。早期教會對鬼附認知的發展，已超越聖經教導的提示。殉道者游斯丁（Justin Martyr）認為，邪教的神祇是魔鬼的化身，他們是墮落的護守天使。愛任紐（Irenaeus）及特士良（Tertullian）都曾記載過魔鬼的真實存在以及鬼附。最早論及驅魔的著作，或許當推俄利根（Origen）的古典名著

1 馬可福音1章27節。

《反駁克里索》（*Contra Celsum*），探討了基督信仰的驅魔與魔法之間的差別。基督教史學家優西比烏（Eusebius）在他的著作《教會史》（*Church History*）中，引用教宗科爾乃略（Pope Cornelius）的信，首次提及「驅魔師」這個正式的職稱。這一切都顯示出驅魔在早期教會中所受到的重視。

在以拉丁文化為主的西方教會，聖奧古斯丁（Augustine）的《論幸福生活》（*On the Blessed Life*）一書對驅魔做了經典的定義：「外來的邪魔（污靈）侵入了靈魂，擾亂了感官，把污穢帶入某些人體內；負責為人將此污靈逐出體外的人，會為其覆手或驅魔，亦即以天主（聖名）之命令來驅趕。」[2]

「沙漠教父」諸如聖安東尼（Anthony）、本都的埃瓦格里烏（Evagrius of Pontus）以及馬加略（Macarius）都遭遇過魔鬼的侵擾並與其戰鬥。他們採行了驅魔的行動，並記載了魔鬼的真實性，以及應如何與這些邪魔力量對抗。第三世紀初葉，教會會為準備領洗者驅魔，以清除邪靈對他們品德的影響，而不是針對附在他們體內的邪魔。聖希玻里的教會有專責驅魔的職務與權力，並對每一位受洗者進行驅魔。驅魔是早期基督信仰的一個明確的特徵。

阿摩特神父的大作《驅魔師》是近年來對驅魔之事最具有影響力的一本書。在英文譯本發行之前，本書已在義大利發行了十二版。這真是一個輝煌的成績，顯示了驅魔已日益被宗教的主流圈認可。感謝啟示出版社注意到這本書的重要性，將其譯成中文發行。不論是在理論或實務方面，本書都將會為這個被人忽視的課題激起廣大的迴響。

人類由於自身的敗壞，終其一生都需要面對不斷的爭鬥；不但要對抗人類的邪惡，也要面對非常真實的超自然的邪惡力量。而這場艱鉅的爭戰，需要仰賴神的力量。世人常將驅魔視為中古世紀迷信的作為或是某種類似魔法的儀式，而不將其視為戰勝邪魔、存善去惡、基督復活的力量。有些神學家及飽學之士對驅魔嗤之以鼻，將其貶斥為一個已經過時的世界觀遺骸。然而，對阿摩特神父而言，魔鬼並非憑空想像或虛構的角色，而是非常活躍頑強的。對於魔鬼我們必須嚴加防範，勇於對抗。

今日，相信驅魔與邪靈確實存在，這件事至關緊要。驅魔是正當的行為，也應該在醫療領域內佔有一席之地。在這本書中，阿摩特神父為讀者介紹了一個歷經時代考驗，用來對付魔鬼的宗教禮儀。他詳細地描述了他與魔鬼抗爭的經驗，讓所有讀者都能從基督信仰的觀點深入地看到，被許多信徒刻意忽視或完全拒絕的一面，從而使我們深思一個必須面對的信仰及內心最陰暗恐懼的問題。

2 《論幸福生活》3（PL 32.968）。

與世人普遍想法相反的是，驅魔不是有立即效果的應急手段（大部分好萊塢電影所呈現的都是如此）。驅魔是件重大的事，魔鬼的力量萬不可輕忽，從事驅魔的人必須嚴謹認真，確保在驅魔的開始和過程中都採取適當的措施。

本書在論述驅魔時，也全面涉及有系統的撒但信仰的問題。阿摩特神父將詛咒和巫術廣泛地定義為：呼求上主以外的任何力量來做的治療；並特別強調此類詛咒和巫術會帶來的惡果。他認為巫術也是一種撒但崇拜的形式，因此撒但信仰本身就是一種獨立的宗教。他非常強調撒但信仰以及巫術和詛咒的真實性，因而顯示出他不同於那些想要以心理現象來解釋魔鬼而傾向於超心理學的神學家。

此外，阿摩特神父也堅信，即使在沒有必要驅魔的時候行了驅魔禮，也絕不會傷害到任何人。因此，如果驅魔師不確定某個狀況是否需要驅魔，寧可施行驅魔。雖然詢問當事人及其家人有助於判斷是否真的鬼附，但唯有經由驅魔禮的過程，才能確認是不是魔鬼侵擾的情況。

毫無疑問地，阿摩特神父對西方教會驅魔禮的復興作出了巨大的貢獻。在本書中，他讓人清楚地看到這個世上非常真實的魔鬼以及他的作為，因此驅魔仍然是教會生活中不可或缺的一部分。本書中文版的發行，非常有助於闡明並實際引導台灣以及教會事工認識驅魔的必要性，更能協助創造一個有利於帶領和施行驅魔的環境。更進一步說，驅魔禮和驅魔師似乎都能在此繼續存留。這本書可說是這位梵蒂岡首席驅魔師所寫過的關於驅魔理論與實務，最完整深入的一部。這絕對是本能引人入勝的好書，應當讓它廣為流傳。

本文作者為中華福音神學院教授

專文推薦

我們與你有什麼相干？——解讀《驅魔師》及一些省思

胡忠信

研究人類二十六種文明、撰述《歷史研究》的英國歷史學家湯恩比曾說：「人類的歷史在實質上乃是一部宗教史，宗教掌握了人類生存奧秘的樞紐。」宗教觸及了人類不可知的部分，無怪乎使徒保羅會提出「相信在先，明白在後」的論述；神學家奧古斯丁認為：「信心就是你相信那看不見的，但結果卻看得見。」

拜讀天主教「梵蒂岡首席驅魔師」阿摩特的「真實自述」以後，有些神學論述令人折服，直指基督宗教信仰的本質，但有些經驗又與日常生活悖離，令人心生疑竇。但正如我特別引述前面幾位神學、歷史大師的觀點，宗教觸及人性深處的奧秘樞紐，我們不妨抱著「尊重、理解、接受、欣賞」的態度，來看待這位「驅魔師」（好萊塢曾拍成電影「大法師」）的自身經歷以及神學論述。

二〇一七年十月三十一日正逢馬丁路德「宗教改革」五百週年。根據馬丁路德的自述，在一五〇五年七月某日，他時年二十一歲，在回家探親返校途中，突然雷電加交，路德仆倒於地，「隱匿於湖泊和叢林間、心懷叵測的惡魔，自藏身之所一躍而出，高聲狂笑，盡情嘲弄，伸手要抓他蓬亂捲曲的頭髮，並且要把他吞噬到地獄裡去」。路德在死亡感的壓迫下，求助於礦工的守護聖人：「聖亞拿救我！我願意做修士！」

馬丁路德宗教改革的三大訴求：一、主權在上帝，二、因信稱義，三、萬民皆祭司，是在傳統的天主教之外開闢了一條真理之道，其緣由卻是來自魔鬼的壓迫與霸凌。雖然基督新教（抗議教徒）並不認同或施行「驅魔」、「趕鬼」，但是馬丁路德的「終極經驗」卻與魔鬼相干。

回到基督宗教的第一部經典〈馬可福音〉，也就是最接近耶穌生涯的事蹟記錄，有三個地方記錄了耶穌與魔鬼的搏鬥：

第一個敘述是〈馬可福音〉1章12～13節：「聖靈就把耶穌催到曠野裡去。他在曠野四十天，受撒但的試探，並與野獸同在一處，且有天使來伺候他。」依據神學家威廉巴克萊的解釋，「撒但」在希伯來文的原義是「對手」、「敵人」，也是「起訴者」（撒但向上帝起訴約伯）；「撒但」在希臘文則是「魔鬼」、「誹謗者」之意；「撒但」最後演變成「上帝的敵人」，是「光明與黑暗」兩股力量的鬥爭。

第二個敘述是〈馬可福音〉1章23～28節，描述在會堂裏，有一個人被污鬼附著，大叫：「拿撒勒人耶穌，我們與你有甚麼相干？你來滅我們嗎？」耶穌責備他說：「不要作聲！從這人身上出來吧。」污鬼叫那人抽了一陣瘋，大聲喊叫，就出來了。眾人都驚訝：「這是甚麼事？是個新道理啊！他用權柄吩咐污鬼，連污鬼也聽從了他。」這是首次描述耶穌「驅魔」、「趕鬼」的記錄。表示耶穌握有權柄，用最簡單的權威話語，展現了自身就是力量的泉源。

第三個敘述是〈馬可福音〉5章1～13節，也是「耶穌趕鬼」、「鬼入豬群」最有名的經典故事：耶穌一下船，就有一個被污鬼附著的人從墳塋裡出來迎著他。……他遠遠地看見耶穌，就跑過去拜他，大聲呼叫說：「至高上帝的兒子耶穌，我與你有甚麼相干？我指著上帝懇求你，不要叫我受苦！」耶穌說：「污鬼啊，從這人身上出來吧！」又問他說：「你名叫甚麼？」回答說：「我名叫『群』。」於是污鬼進了豬群，豬群闖下山崖，投在海裡，全淹死了。

這是一段非常生動的「驅魔」、「趕鬼」敘述，也可以作為「隱喻」加以延伸解讀。「群」是羅馬軍隊的制度，一個軍團有六千人，是國家的制度性暴力。二十世紀極權主義的興起，無論是共產主義或法西斯主義，都可以用上述「隱喻」加以分析解讀。希特勒的親信，前納粹兵器部長史匹爾在其回憶錄中，特別引用「浮士德」的故事，人們看到了魔鬼的眼睛，就將靈魂出賣給魔鬼，而希特勒正如「魔鬼附身」，具有「鬼入豬群」、「豬群投海」的瘋狂力量。

《驅魔師》這本書，既是阿摩特神父的第一手經驗，也是他的信仰告白，還有受害者的見證，他將「附魔」與「吸毒」加以類比，強調「寬恕你的仇敵」、「不要失去信心，不要放棄希望，不要讓你的意志屈服於暴力的威脅或魔鬼顯現的醜惡面貌之下」、「對那些想要摧毀我們意志的人，我們必須永遠說『不』！」

作者站在一個傳教士立場，以「驅魔」作為引子，對人性的理性與道德、是非、對錯、善惡、公正與否，做了非常深刻的論述，正是本書最值得稱道之處。

法國天主教神學家巴斯卡曾如此感歎：「人不是天使，也不是魔鬼；但人想做天使，卻做出魔鬼的行為。」歷經納粹浩劫的德國作家湯姆斯曼亦做如是感歎：「邪惡有時是如此的迷人。」讀畢《驅魔師》這本書，再次催逼我們省思：在上帝與魔鬼的鬥爭、在光明與黑暗之間，你站在哪一邊？當魔鬼質問你：「我們與你有什麼相干？」你如何回答？這正是價值與信仰的「終極關懷」。

本文作者為歷史學者、政治評論者、廣播電視主持人

專文推薦

《驅魔師》與苦難的見證

黃涵榆

本書出自擔任首席驅魔師將近三十年、進行過十六萬次以上的驅魔儀式的加俾額爾・阿摩特神父（Father Gabriele Amorth）。第一部透過驅魔實例詳實說明驅魔儀式的程序、器具、驅魔師的條件、魔鬼的習性、附魔（demonic possession）的原因和反應等等；第二部引述天主教大公會議結論、諸多神學法典與論述，為驅魔儀式提供更充分的正當性。這樣一本書的出版到再版驗證了一個觀念：我們不應該只是用嗤之以鼻的態度看待附魔和驅魔，認為那純粹只是超自然的迷信或無稽之談。

若要嚴肅看待附魔的種種問題，必須要從附魔者（及其症狀）、惡靈和驅魔三個層面著手。根據類似本書這種既有文獻的記載，常見的附魔生理症狀包括肢體麻痺、腫脹、抽搐、扭曲或近似癲癇的症狀，但是其他的症狀則不限於生理層次：附魔者表現對宗教極度厭惡與反抗的性格，不時發出像是來自內臟的吼叫、尖叫和咒罵。即便現代醫學對於疾病的解釋和治療似乎已建立無法撼動的霸權，仍然無法完全「制伏」這些附魔症狀。換個角度來說，誠如《驅魔師》再三強調，驅魔儀式只涉入醫學無法處理、具有邪靈病因的個案。

驅魔儀式的基本要素包括祝福、聖器（例如聖餐、鹽、聖水與十字架）的使用、詰問惡靈名號等，都依天主教《盛事禮典》（*Rituale Romanum*）第十三部進行，也就是《驅魔師》一書多次引述的《驅邪禮典》。驅魔儀式施展了教會體制的知識與牧靈力量，需要嚴格界定與規範。例如，只有教會制定的聖儀才能稱為「驅魔」，其他不論私人或公眾的代禱都不能使用這樣的稱號，驅魔師在施行驅魔儀式的時候，必須憑藉堅定的信仰抵抗惡靈的誘惑，諸如此類。

整個來說，驅魔儀式的目的在於驅除惡靈、驗證真理、強化教會的權威與基督國度的凝聚力，這樣的傳統可回溯到《新約》，特別是福音書與門徒書信。在《新約》的世界裡，包括附魔的病痛與災難成了上帝警惕與教化人們的器具，病人透過告解與禱告，求得基督施行驅魔。療癒與寬恕，這樣的意義成了往後基督宗教驅魔儀式與解救（deliverance）的要素。

除了附魔者的症狀與驅魔儀式之外，附魔的問題還涉及惡靈的特性，或者提供人們對於魔的想像與知識基礎的「惡魔學」（demonology）。人類社會早在體制化宗教出現之前已存在魔的傳說與信仰，反映出人們面對未知事物的恐懼；惡魔學隨著不同時代有不同的樣態。《舊約》裡的撒但（Satan）代表誘惑者，是上帝及其子民的「大敵」（Arch-enemy），《新約》裡的惡魔散佈疾病、懷疑和罪惡，在末世來臨時，邪惡的撒但信徒將與良善的上帝子民決一死戰。

在往後的歷史階段裡，經由神學、哲學、文學、藝術和大眾文化，惡靈越來越和人類的心理和慾望、社會和政治矛盾糾葛在一起。當阿摩特神父在《驅魔師》一書中指出：「撒但是我們最大的敵人，直到今世的終結。所以他絞盡腦汁，竭其所能地試圖破壞天主想要拯救所有世人的計畫。我們的力量來自基督的十字架，他的寶血，他的聖傷，以及遵守他的聖言和他的教會的教導。」[1]他所堅持的正是源自《新約》的那種神魔正邪殊死戰的天啟論立場。

這樣的立場也反映在他憂心西方消費主義、社會主義與馬克思主義（特別在義大利）導致物質主義和享樂主義的生活方式、宗教式微、迷信增加，招魂、巫術和神秘主義大行其道。[2]面對這樣的末世情境，作者阿摩特神父強調寫《驅魔師》一書的動機在於讓讀者、其他驅魔師和神父從他的經驗中獲得知識，重建驅魔的牧靈工作在天主教體系裡的地位。

想要嚴肅看待附魔的問題的讀者（特別是非基督宗教信仰者），該採取什麼樣的詮釋立場來閱讀像《驅魔師》這樣的書呢，除了從中獲得天主教關於驅魔的知識之外？筆者自己的附魔研究一向主張附魔的「多重決定」，也就是說，在宗教、政治、社會、語言和文化的複雜網絡，在跨領域的架構中理解附魔的問題。

如上所述，基督宗教體系透過驅魔儀式強化教會體制的權力和基督社群的凝聚力，這意味著《驅魔師》無法自免於知識與權力的衝突。阿摩特神父以天主教正統宣告所有未經教會授權的驅魔儀式都是巫術，延續十三世紀到前現代時期教會與異端和巫者之間合法與非法知識鬥爭；他也大肆抨擊一些神學「專家」混淆附魔和精神疾病，以及部分教會人員貶抑驅魔的重要性。

再者，從比較寬廣的歷史角度來看，醫學與宗教之間並無完美切割，而自然與超自然之間也一直存在著緊張關係。不論宗教或醫學似乎都以「療癒」、「健全」、「正常」為終極目標與價值，但是我們真的只能這樣理解病痛、苦難和生命真相嗎？我們該以什麼

1 見本書第146頁。
2 見本書第196頁。

樣的倫理態度面對附魔者那些扭曲變形、嘶吼咒罵、痛苦哀號……？

阿摩特神父以他將近三十年見證與拯救無數附魔者病痛與苦難的經驗寫成《驅魔師》一書，給予我們的也許是一個思考任務的起點。作為「見證的見證者」的我們，是否該想像溢出文字、知識與（驅魔）技術，那無法表述與制伏的生命真相？

本文作者為國立台灣師範大學英語系教授

專文推薦

驅魔：專業而複雜的靈性醫療行動

賴効忠

我害怕撒但嗎？是牠應該害怕我：我在世上是因著天主的聖名而行事，而牠只不過是天主的猴子！

——阿摩特神父

加俾額爾．阿摩特神父（Don Gabriele Pietro Amorth）是國際間極富盛名的驅魔師之一，也曾任天主教義大利羅馬教區首席驅魔師。在他尚未被授予驅魔職務前，主要研究領域是《聖母論》；但自上世紀八〇年代後期，則專注對身心靈受魔鬼侵擾者的服務（此二領域的匯通，形成他在寫作與工作上獨特的風格與氛圍：常在聖母瑪利亞守護下從事有關驅魔的服務）。

據稱，他一生曾舉行超過十六萬人次以上各式驅魔「釋放祝福禮」。然其貢獻尚不只於此，藉其大量且重要的著作，為「驅魔學」奠定了現代研究的基礎。本書即為其約三十年前第一部自傳式驅魔學的詮釋著作。

魔鬼確實一如聖保祿宗徒所言：「你們的仇敵魔鬼，如同咆嘯的獅子巡遊，尋找可吞噬的人。」[1]但顯然地，隨著時代進步與科技發展，越來越多人忽視魔鬼的本質與影響，甚至否定其存在，這種輕忽導致今日的魔附現象已大不同於兩千年前耶穌的時代。另一方面，則有人任意捕風捉影、道聽途說、人云亦云、以訛傳訛，造成人心惶惶，聞鬼色變。更加以大眾媒體繪聲繪影、聳動煽情的推波助瀾，更助長了魔鬼對世界人心無形的掌控。

但歸根究底，魔鬼的伎倆與人們所受到的影響，古今皆然，大同小異。而人們所選擇的處理態度也多偏向於「近鬼神而遠之」的迴避心態，甚至如作者所云，即使是有能力處理、有責任面對的天主教會，亦可能如此。

就某種層面而言，附魔與驅魔既是一場神魔之戰，亦是一項極專業、極複雜的靈性醫療行動，原因是每一個魔附案件，其背後皆可能暗藏諸多身心靈交互影響的複雜元素，且隨著被附者個人特質、所附之魔的不同類別與型態以及天主聖意的參與，使得每一案件皆為獨一無二，因之變幻莫測，少有盡同。

本書可貴之處在於作者以其豐富而廣泛的親身處理經驗，使人對附魔與驅魔的議題輕易即可建立一清晰而正確的概念，非常不同於坊間幾近誇大不實、譁眾取寵的作品。文中雖搜羅某些極獨特的個案，例如附魔者吞吐釘子、玻璃、線團等令人驚嚇的動作，但也因作者權威性的見證而未減其說服力。

另外，難能可貴的是，作者頗有勇氣地呼籲天主教會當局，應再度重視日益嚴重的魔附情況，勇敢擔負起天主所交託的天賦使命；也正因此之故，本書在寫成二、三十年後的今天，已有許多教區及信仰團體積極投入這塊以往令人即陌生又膽怯的領域。台灣天主教會幾乎每個教區皆已提供「釋放與祝福儀式」的驅魔服務，大部分神父們也多已擁有附魔與驅魔的基本知識。

無奈，一位專業驅魔師的養成極為不易，除了需要擁有準確判別魔附現象及原因、附魔種類與輕重等專業知識外，尚需接受執行驅魔儀式的嚴謹宗教訓練，以及棄而不捨、堅持到底地陪伴案主的愛心與熱忱，更需具有高人一等的品德修為及強烈的使命感。在今天的時代，能夠達到這樣高標準條件與要求的人，著實不多。

雖然如此，阿摩特神父仍盡其一生投入如此困難而艱鉅的榮主救人事工，其個人的

1 伯多祿前書5章8節。

奉獻與犧牲，必將留芳永世，並成為所有驅魔師的典範。而其所留之著作及影響，已然喚醒天主教會對於附魔的重視。期待他的在天之靈，以天使般的聖潔，伴同他所熱愛的聖母瑪利亞一起護守著世界上深陷魔擾的芸芸眾生。

不要讓我們陷於誘惑，但救我們免於凶惡。

——主禱文

本文作者為天主教會台南教區神父、天主教輔仁大學副教授

專文推薦

讓事實自己說話

肯迪度・阿曼蒂尼（Candido Amantini）

能為阿摩特神父的書寫幾句話，我深感榮幸。多年來，阿摩特神父一直是我驅魔事工的得力夥伴。這本書中敘述的一些事件，是他和我一起經歷過的。在我們合力幫助許多前來求助的受苦人時，也分享了彼此的憂慮、困難，以及希望。

我也非常欣喜地見到本書的出版，因為過去幾十年來，雖然與天主教倫理或神學相關的每一個領域都有許多著作，驅魔的話題卻一直被人遺忘。也許就是因為缺乏研究和興趣，直到現在《羅馬禮儀經書》（*Ritual*）中，唯有驅魔的部分還未按照梵蒂岡第二屆大公會議（Second Vatican Council）的指導方針更新。儘管如此，我們仍可從福音的記載、宗徒（使徒）的事蹟以及教會的歷史中認識到，「驅逐魔鬼」是一項非常重要的神職工作。

當聖伯多祿（彼得）受到超自然的感召，被領到百夫長科爾乃略（哥尼流）的家，首次向幾位外邦人宣報基督的福音時，他特別強調耶穌能夠使所有被魔鬼壓制的人得到自由，以闡明耶穌實是真天主。福音以很多具體的例子顯示出耶穌擁有勝過魔鬼的非凡能力。經由驅逐魔鬼，上主選擇了一個最有力的方式來向我們顯示，天父將他的獨生子派遣到這個世界來，以終結撒但對人的黑暗統治。

聖經明確地告訴我們，附魔也是撒但以惡勢力統治世界的方式之一。耶穌一再強調，他要傳給宗徒以及他們繼承人的特別能力與權柄之中，也包括驅逐魔鬼的能力。[1]雖然天主允許一些人受到魔鬼的迫害，祂也為他們準備了很多有力的援助方式。天主不僅賜給祂的聖教會許多施行聖事的權力，幫助教會對抗撒但的致命活動；在起初，祂就揀選了至聖童貞瑪利亞作為人類對抗撒但這個強敵的常備秘方。[2]

大多數當代作家，包括天主教的神學家，並不否認撒但和其他叛逆天使的存在，但是淡化了他們對人類生活影響的程度。事實上，在許多方面，否認魔鬼的實質影響被認為是智者的義務和明證。現代文明一致認為，我們若是相信周遭發生的事件和現象除了自然之外還有其他的形成因素，那是一種落伍的幻想。

很明顯的，這種想法會使魔鬼的工作大為便利，尤其是當那些被賦予責任與權柄來阻擋魔鬼惡行的人也抱持這種想法時。如果我們不只是盲從現代文化，而是相信聖經、神學以及日常的經驗，我們就會確信，有許多不幸的附魔之人，科學能給他們的幫助，實際上非常少。在大多數的情形下，只要是能認出被魔鬼影響的常見癥狀的人，都可以很明確地診斷出他們並不是「附魔幻想症」（demonopathy）——這個名詞常被誤用來稱謂所有被魔鬼糾纏的情形。

被魔鬼騷擾所引起的不適，即使是最輕微的癥狀，也沒有任何已知的藥物可以治療。相對的，即使已被認定為病入膏肓，也會由於宗教的介入而奇妙地痊癒。受到魔鬼騷擾的受害者常會以為他們是被厄運所害：他們覺得自己的生命只是一連串倒楣的不幸事件。

現在科學承認有些狀況確實是由異常的因素所引起，並將所有由於附魔所造成的無法解釋的現象稱為「超自然」。許多人都在尋找這些現象的原因。我們不是要否認科學的進步；我們只是要說，如果自欺的認定科學可以解釋一切，可以追查到每一種疾病的正常起源，那麼我們就是在否認事實。

很少有科學家真的相信某些現象是由一種未知的、有智能的、無形的力量所造成。

1 瑪竇（馬太）福音10章8節；馬爾谷（馬可）福音3章15節；路加福音9章1節。
2 見肯迪度・阿曼蒂尼著：《瑪利亞的奧秘》(*Il mistero di Maria*, Naples: Dehoniane, 1971)。

當碰到醫學上無法解釋的癥狀及臨床檢驗的結果時，幾乎沒有醫生會承認他面對的病患可能是由完全不同的原因所造成。遇到無法解釋的情況時，許多人寧可求助於弗洛伊德，而不是驅魔師。結果是，這些不幸的患者，狀況不但沒有改善，反而變得更糟。

阿摩特神父這本簡單明瞭的書讓讀者目睹驅魔師的行動。這本書不是要說明魔鬼和附魔是否存在的理論，也不是要做出任何關於教義的結論，而只是帶領讀者體驗一個驅魔師的所見、所為，讓事實自己說話。我知道本書作者多麼敬愛教會的神父，他們領受了基督賦予的權柄，因他的名驅逐魔鬼。我相信這本書對他們許多人會有很大的助益，也許會啟發其他人也寫下他們在這一方面的經驗。

本文作者為羅馬教廷資深驅魔師、阿摩特神父老師

作者序

當教宗的羅馬教區代表，烏戈．波雷蒂樞機（Cardinal Ugo Poletti）出人意料地指派我擔任驅魔師時，我沒有想到他為我打開的大門是通往如此浩瀚的世界，也沒有預料到會有這麼多人湧入我的事工。

剛開始我被指派擔任肯迪度神父的助手——這位苦難會（Passionist Fathers）的神父是一位著名的驅魔專家，需要他幫助的人從義大利各地以及國外而來，湧入他所在的羅馬聖階堂（Scala Santa）。這項任務為我而言，是一個極大的恩典；我相信肯迪度神父是這世上唯一一位具有三十六年經驗的全職驅魔師。我不可能找到一位更好的老師，也要感謝他以無限的耐心帶領我從事這個事工。

我也發現了其他一些事情。在義大利，驅魔師很少，受過完善訓練的更少，其他國家就更不用說了。因此，我發現自己在為很多來自法國、奧地利、德國、瑞士、西班牙和英國的人驅魔，因為他們無法找到驅魔師——這是來找我的人懇切地告訴我的。這是因為他們的主教和神父不關心這類事，還是因為他們真的不相信驅魔工作的必要性和效益？無論什麼原因，我覺得我被召叫，是要為這些極端受苦的人服務，他們不被人了解——他們的親人、他們的醫師不了解，他們的神父也不了解。

現在這項牧靈工作在天主教會內完全被忽略了，但在過去並不是如此。在基督新教的一些教派內，仍然常常施行驅魔，而且成果豐碩。每一個主教座堂都應有一位驅魔師，如同它有一位聽告解神父一樣。哪裡有更大的需求（譬如在大的堂區和聖堂），那裡就應有更多驅魔師。

問題不僅是驅魔師的人數很少，更在於他們不太被人所接納，甚至有時他們會受到阻攔。他們很少碰到有人願意打開大門歡迎他們。每個人都知道，附魔的人有時會尖叫——這就是為何神父或修會的長上不願意在他們轄區內有驅魔師的主要原因。平靜與安寧變得比治好附魔人的善行更為重要。

我也碰到過這種具有敵意的情況，但我所遭遇的比那些更好、更著名的驅魔師所碰到的情形要少很多。首先，我想提醒主教們這個問題的嚴重性。主教必須意識到，這個事工是完全屬於他們的權柄之下：只有他們才能施行或指派人施行驅魔。可惜的是，因為大多數主教從來沒有施行過驅魔，他們很少會意識到人們對驅魔的需求是如此之多。

寫這本書的動機，是想要將我從許多經驗中獲得的知識，分享給對驅魔話題感興趣的人，其中大部分是跟隨肯迪度神父的經驗。我主要希望這本書能對其他驅魔師和神父有用。正如每個全科醫生必須能夠將他的病人轉診給最合適的專科醫生（例如耳鼻喉科、整形外科或神經科醫生），所以神父必須要能夠確定一個人需要驅魔師的時間點。事實上，許多神父鼓勵我寫這本書，因為《驅邪禮典》（*Ritual for Exorcisms*）的一個指導原則，就是建議驅魔師要研讀「很多由專家寫的有用文本」。

然而，當我們想要尋找與這方面有關的深度書籍時，會發現可用的很少。我要推薦以下這三本書：鮑德喜蒙席（Monsignor Balducci）的《魔鬼》（*Il diavolo*, Piemme, 1988），這本書的理論部分很有用，實例部分則較為欠缺，且有些錯誤，因為作者的專長是對魔鬼的研究，而不是在驅魔方面。另一本是瑪提歐．拉古魯阿（Matteo La Grua）神父的《釋放的祈禱》（*La preghiera di liberazione*, Palermo: Herbita, 1985），這位神父是驅魔師，這本書是為更新團體寫的，目的是要教導他們如何做釋放的祈禱。倫佐．阿萊格里（Renzo Allegri）的《來自地獄的報導》（*Cronista all'inferno*, Mondadori, 1990）也值得一提，這本書不是有系統的研究，而是收集了一些著名的採訪報導，書中記載的是非常極端的案例和最聳人聽聞的情況，因此雖然這些記載是真實的，但並不代表驅魔師日常的工作。

總之，我盡力以這本書來填補一些空白，並且為了要能適合更多人閱讀，書的內容雖然精簡，但涵蓋了各個角度的觀點。我計畫再多寫幾本書，也希望有這方面專長與信仰深度的人加入著作的行列，使這主題得以有適當深度的探討——這是過去在天主教會可以找到的，但現在只能在基督新教中找到。

我要在這裡說明一點，我不準備在本書中論述其他出版物已經徹底討論過的真理，例如魔鬼的存在、附魔的事實，以及驅逐魔鬼的權柄，這是基督在福音中給予信靠之人的信息，都是已經啟示的真理：它們可以在聖經中找到，涵蓋在神學之內，教會的訓導也不斷以此教導。取而代之的，我選擇了一些鮮為人知的實用性題材，希望能對驅魔師及任何想要了解這個主題的人有些幫助。本書會重複強調一些基本概念，為此我先致上歉意。

願無玷童貞聖母祝福我這本書。她從救恩宣報之始就與撒但對抗，她與她的聖子同心合力，在這場戰爭中打敗了撒但，直至救恩的完成。這本書是我懷著信心前進，交託在她慈母的保護下，殫精竭慮的成果。

以下是我在本書最新的增訂版中添加的：

我沒想到這本書會如此成功，在短時間內再版這麼多次。這種成功僅是證實了我的觀點，有很多人對驅魔的話題很感興趣，但是在義大利和整個天主教界，少有其他天主教書籍對驅魔的事做如此透徹——即使很簡短也好——的討論。這個事實是很嚴重而且令人心痛的，它顯示了那些本應帶領研究驅魔的人，不知為何卻毫無興致，也許他們只是根本不相信此事。

感謝所有支持我和讚揚鼓勵我的人，特別是其他的驅魔師。最令我感動的是我的恩師肯迪度．阿曼蒂尼神父對我的肯定，他在我的書中看到了他對我的教導。我只收到非常少數及輕微的批評；因此，我沒有做任何辯駁，也沒有看到本書有什麼需要修改的地方。我只是在一些地方做了補充，更完整地說明這一主題。我也相信，那些被我責備的個人及團體會了解我是出於善意，而沒有覺得被冒犯。我選擇出書，是為了要與更多人分享我的經驗，也是這同樣的熱火，敦促我每天為那些來找我驅魔的人服務。

我為這一切感謝天主。在本書首次發行後的兩年內，有些改變發生了。主教們發表了一些重要文件，驅魔師的數目增加了，有些主教現在也開始行驅魔禮，而且，除了我的書之外，也有一些關於這個主題的新書出版。有些事情開始啟動了。我不是在此邀功，只是陳述一些事實。

末了，我忍不住要提及我對肯迪度．阿曼蒂尼神父的美好記憶。他已於一九九二年九月二十二日蒙主榮召，返回天家。這一天也是阿曼蒂尼神父的護守聖人聖肯迪度的紀念日。臨終前，他對前來探望的神職弟兄們只簡單地說：「今天，我請求聖肯迪度恩賜我一份禮物。」

肯迪度神父出生於一九一四年，十六歲加入了苦難修會。他曾是聖經和倫理學的教授。他奉獻了他最偉大的服務，做了三十六年的驅魔師。每天早上他要看六十到八十個人，但他把疲倦掩藏在他常保微笑的面容之後。很多時候他的建議都是來自天主的啟發。畢奧神父（Padre Pio）論及他時說：「肯迪度神父是一位順從天主心意的神父。」

這本書，除了我自己的有限之處外，旨在為肯迪度神父的驅魔經驗作見證，以嘉惠所有對這個題材感到興趣的人。這是我寫這本書的主要動機，而當他肯定我所寫的都忠於他的教導時，令我深感欣慰。

I

我的驅魔經歷

Un Esorcista Racconta

第一章
起步點

有一天，有位主教打電話給我，派我去為一個人驅魔。一開始我回答說，他有責任要任命一位正式的驅魔師（那時我還在肯迪度神父身邊學習）。他回答說，他找不到一個願意接受這個任務的神父。

不幸的是，這是相當普遍的情況。常常有些神父不相信驅魔，但當主教要派遣他們負責驅魔的工作時，他們感覺好像有一千個惡魔附在他們身上而拒絕接受。我常說，比起藉著驅魔儀式使身體脫離魔鬼，藉著告解聖事使靈魂遠離魔鬼會讓撒但更為憤怒。事實上，在我們宣講時，撒但會感到加倍的憤怒，因為信心會從神的話語中滋生。因此，有勇氣宣講和聽告解的神父，不應該害怕驅魔。

法國作家萊昂・布洛伊（Leon Bloy）用很激烈的言詞指責那些拒絕驅魔的神父。鮑德喜（Balducci）在他寫的《魔鬼》（*Il diavolo*, Piemme, 233）一書中引用他的話說：「神父們幾乎從不使用他們的驅魔能力，因為他們缺乏信心，以致他們害怕得罪魔鬼。」確實，許多人害怕報復，而忘了魔鬼已經造成了天主允許他做的一切傷害；我們不能與魔鬼言和！這位作者繼續說：「如果神父們失去了信仰，不相信他們的驅魔能力，不再使用它，這是一個可怕的災難，神父們這樣嚴重的陽奉陰違，無異是絕情地將擠滿醫院的不幸患者棄之不顧，任由最凶惡的敵人蹂躪，而這些受害者卻被人認為是歇斯底里的精神病患。」這是很重的責備，但這是事實。這些神父是直接背叛了基督的命令。

回到剛才講的那位主教電話的事。我坦白地告訴他，如果他找不到一位神父，他就應該親自執行驅魔。他非常直截了當地答說：「我？我根本不知道要從何開始。」我就用我在學習驅魔時，肯迪度神父對我說的話來回答他：「從研讀《驅邪禮典》的指示開始，為請求驅魔的人誦念規定的禱文。」

這就是起步點。《驅邪禮典》開宗明義地列出驅魔師必須遵循的二十一個規範。雖然這些規範是早在公元一六一四年制定的，也可以擴充，但這些指示富有智慧，今天仍然適用。《驅邪禮典》一開始就警告驅魔師，不要輕易認定一個案件是由魔鬼造成，並列示了一系列非常實用、有助於分辨是否確實附魔的法則，以及驅魔師應當採取的行動指南。

主教的困惑（「我不知道要從何開始」）並不是無的放矢，因為驅魔不是可以隨興而為的事。將這樣的任務隨便指派給一位神父，就像要求一個人在讀過一本相關的教科書後就去為人開刀一樣。太多的事情無法寫清楚，只有在實際操作中學習。這就是為何我決定要將我在肯迪度神父偉大的專業指導下學得的經驗著書發表，雖然我知道，我寫出來的仍然不可能完整。閱讀文本是一回事；實際經歷，是另一回事。然而，我將要說的，未見任何其他書籍討論過。

驅魔前的檢驗

在實務上，起步點是不同的。當有人自己前來，或是由家人朋友帶來要求驅魔時，我們會先做一些檢驗，以確定是否有合理的基礎進行驅魔。我們必須做這樣的檢驗才能診斷狀況。因此，我們必須先研究這個人或他的親人出現的癥狀，以及可能的成因。

先從**身體的癥狀**開始說起。最常受到魔鬼影響的兩個部位是頭和胃。除了嚴重的頭痛，對處方藥無反應外，癥狀還包括突然無法學習，尤其是一向在學校沒有問題的孩子，突然無法上課，注意力無法集中。《驅邪禮典》列出的標誌僅限於最明顯可見的附魔現象，譬如患者能說或懂得他從沒學過的語言，知道隱密或遠方發生的事，或是顯現出超出常人的體能。根據我的經驗，只有在行「祝福禮」（我總是如此稱「驅魔禮」）的過程中，我才能偵測到這些標誌；這些跡象從來不會在開始驅魔之前就出現——通常別人只會告訴我，患者有怪異或暴力的行為。

惡魔侵擾的一個典型癥狀是厭惡神聖的事物。因此，一位勤於祈禱的人會突然不再祈禱。有的人不再去教堂，而且滿腔憤怒；有些人會突然變得常常褻瀆，甚至用暴力行為破壞聖像。我們碰到的每一個案例，幾乎都會有社交行為的改變，譬如對親戚或熟人感到憤怒，以及各種各樣的怪異行為。

不用說，除了極少數的例外，那些登門向驅魔師求救的人通常都已經嘗試過每一種可能的醫學檢查和醫治。因此，驅魔師很容易知道病人做過的醫學診斷、嘗試過的治療方法，以及結果如何。通常受到惡魔侵擾的另一個區域是胸骨下面，胃和食道部分，那裡會發生急性刺痛，而沒有治療方法。如果疼痛部位會移動，一下是整個胃在痛，忽而轉到腎臟、卵巢等其他部位，沒有醫學理論可以解釋及治療，這也是常見的惡魔侵擾的標記。

我們可以說，「分辨是否魔鬼附體的決定因素之一，是藥石罔效」。而「祝福禮」（驅魔禮）被證明十分有效。我曾為一位名為馬克的年輕人驅魔，他有很嚴重的附魔情形。他曾被監禁了很長一段時間，並受過精神病治療的折磨，特別是電擊，卻沒有絲毫的反應。醫生為他做了整整一個星期的睡眠治療，讓他吃了足以讓一隻大象安靜躺下的安眠藥劑量；但他仍然不分晝夜地都沒闔過眼。他兩眼圓睜，但意識恍惚地在醫院裡徘徊。最後，他來此登門求助，立即獲得良好的結果。

超出常人的力氣也可能是一個附魔的標誌。在精神病院，可以用緊身衣將一個發瘋的人束縛住以限制他的行動，但沒有任何辦法可以讓一個附魔的人被束縛住，他甚至可以拉斷鐵鍊，像福音中那位來自革辣撒（格拉森）[1]的人一樣。肯迪度神父告訴我，曾有一位看來十分瘦弱的女孩，在驅魔的過程中，必須要四位強壯的男人才能壓制住她。她破壞了每一樣束縛她的東西，甚至將一些他們試圖用來捆綁她的粗厚皮帶扯斷。有一次，她被人用很粗的繩索綁在鐵床上，但她折斷了好幾根鐵製的護欄，並將其他護欄彎曲成直角。

很多時候，病人——以及他的親人，如果整個家庭都被影響到——會聽到奇怪的噪音：走廊的腳步聲，房門自己沒緣由的忽開忽關，東西不見了但又在最不可能的地方出現，有人用力敲打家具和牆壁的聲音。當我調查這些事故的原因時，我總會問說，這些事情從什麼時候開始，這些是否與一些具體的事件有關，譬如：患者是否參加了降神會，他是否找過以塔羅牌算命的人……等等，如果答覆是肯定的，那麼，這些事情進行的狀況又是如何。

有時候可能在患者的朋友或熟人的建議下，將患者的枕頭或床墊打開，會發現一些非常奇怪的物品，例如彩色的線頭，一撮頭髮，辮子，木條或鐵條，念珠或纏得很緊的絲帶，木偶，動物形狀的模板，血塊，或小圓石；這些都是使用巫術的明證。

如果在調查了這些因素之後，我相信是魔鬼的力量在其中干擾，我就會進行驅魔。

真實的故事

我現在將舉一些例子。我會用化名來稱呼當事者，並改變任何可能洩漏個人身分的事項。

瑪莎和她的丈夫來找我為她們祝福。他們花費了相當多的旅費，從遙遠的地方而來。瑪莎已經接受神經科醫生治療許多年，但沒有任何效果。問了幾個問題後，我感覺可以為她驅魔，雖然其他人也曾試圖為她驅魔過，但都徒勞無功。

剛開始的時候，她倒在地上，似乎昏厥過去。當我念「開始禮」的禱文時，她會不時地抱怨：「我要的是真正的驅魔，不是這些東西！」當我開始第一個驅魔式，一開始念「驅逐你」這幾個字時，她就滿意地安靜下來，顯然她記得以前經歷過的這些話。然後她開始抱怨她的眼睛疼痛。這些行為和標記不像是附魔。

當她醒過來後，她無法分辨我的驅魔是否對她有幫助。在我請她回去之前，因為我心中還有一些疑問，我把她帶去見肯迪度神父。肯迪度神父為她覆手之後，立即告訴

1 本書中的聖經相關名詞（如章名、人名、地名……等）在首次出現時，皆採用天主教／基督新教之通用譯名對照的方式，以便教友閱讀。

我，她的情況與魔鬼無關。這屬於精神病的問題，不是驅魔的問題。

十四歲的皮耶路易吉，以他的年齡而言，他算是非常大塊頭的男孩。他無法專心上課，他的老師和同學們都快被他搞瘋了。他無法與任何人相處，但他不是那種會對別人使用暴力的孩子。他的一個特徵是：他喜歡盤腿坐在地上（他稱之為「這是一個印度人」），別人不論用多大力氣，都沒法將他從地上拉起來；彷彿他變成了一塊大石頭。經過一些徒勞無功的醫藥治療後，他被帶來見肯迪度神父。在確認他是被魔鬼困擾後，肯迪度神父就開始為他驅魔。皮耶路易吉的另一個特徵是這樣的：雖然他並不好鬥，但旁人靠近他時都會開始變得暴躁不安，並大聲叫罵；因為他們無法控制自己。

有一天，他盤腿坐在他的公寓三樓台階的轉角處。其他住戶上下樓梯時，都會推他，要他移動，但他不為所動。後來，整棟樓的所有住戶都聚集在樓梯上的另一層平台處，對著皮耶路易吉又吼又叫，好像所有人都附魔似的。有人報了警，男孩的父母則打電話給肯迪度神父，他比警察早一些到達，就和這個男孩聊天，要說服他回到自己的公寓去。後來三位年輕魁梧的警察來到現場，對肯迪度神父說：「你讓開，神父，讓我們來處理。」他們企圖合力抬走皮耶路易吉，他卻紋風不動。大感驚訝的警察們用力得滿頭大汗，不知所措。

這時，肯迪度神父對警察說：「請所有人都回到他們的公寓。」很快的，整個環境都安定了下來。他接著對警察說：「你們到下面一樓的台階去觀看。」他們聽從了。最後，他告訴皮耶路易吉：「你真行，不用說一個字，就能讓所有人抓狂。夠了，現在跟我回家去吧。」他拉起男孩的手，男孩就站起身來跟著他走了。最後皆大歡喜，他的父母在家等候著他。在經過多次的驅魔之後，皮耶路易吉的情況大有改善，但沒有完全脫離魔鬼的困擾。

我記憶中最困難的案例之一，是一位曾經惡名昭彰的男子，他到肯迪度神父那裡去接受祝福過很多年。我也到過他被監禁的住處去為他祝福。我在為他驅魔時，他一言不發（他被一個瘖啞的魔鬼所困），讓我看不出絲毫反應。我離開後，他才在那裡暴跳如雷。這種情形，屢試不爽。他一直到晚年，才完全脫離魔鬼的控制，讓他在生命的最後幾個星期得享安寧。

有一位母親因為發現她兒子有些怪異行為而深感憂心。他兒子有時會突然暴怒，像瘋子一樣大吼大叫。他也會褻瀆神聖，但當他平靜下來時，卻完全不記得他剛才的言行。他不祈禱，也不願意接受神父的祝福。有一天，這位母親趁著兒子像往常一樣，穿著他的連身工作服去上班時，請求神父在驅魔禮的祈禱後，為她兒子所有的衣服祝福。

當這位不知情的兒子下工回來時，他脫下骯髒的工作服換裝。但只片刻時間，他就憤怒地撕裂已經穿上身的衣服，又把骯髒的工作服換上。他再也不穿那些被祝福過的衣服，並將那些衣服與他知道沒有被祝福過的衣服很清楚地分隔開來。從這情況可以很明顯地看出，需要為這位年輕人驅魔。

有兩位年輕兄弟，常來找我為他們祝福，因為他們被健康問題以及屋內奇怪的噪音困擾。這些噪音大部分是在夜裡發生。在為他們祝福時，我注意到一些不好的反應，因此我建議他們要常領聖體（聖餐），並且大力地祈禱。我也鼓勵他們使用三樣聖物（水、油、鹽），並邀請他們再來。在詢問他們的時候，我發現這些事件是從他們的父母決定把他們獨居的祖父接到家來同住以後才開始發生。祖父常常褻瀆、說粗話，並詛咒每個人和每一件事。已過世的驅魔神父多默塞利（Tomaselli）曾說過，有時一個褻瀆者就能讓魔鬼出現，毀了整個家庭。這個例子證明他所言不虛。

被附身的孩子們

有時同一個魔鬼可以出現在幾個人身上。在這個案例中，附身在皮娜這個女孩身上的魔鬼說，他會在當天晚上離開她。肯迪度神父知道魔鬼總是說謊，於是他請其他驅魔師來幫助他，偶爾還有一位醫生在場。為了要讓這女孩不要亂動，有時他們會讓她躺在一張長桌子上。她會扭動，轉身，然後從桌上摔下來，但在要撞到地面之前，電光石火的一刻間，她會突然慢下來，就好像有一隻手把她接住，因此她完全沒有傷到自己。整個晚上為她驅魔直到半夜，仍不見效，驅魔師只好放棄。第二天早上，肯迪度神父正在為一個六、七歲的小男孩驅魔時，魔鬼從那男孩的體內發聲嘲笑神父：「昨晚你那麼辛苦地工作，也沒什麼成果。我們可是贏了！我也在那裡！」

有一次，肯迪度神父在為一個小女孩驅魔時，他問魔鬼叫什麼名字。「則步隆。」魔鬼答說。驅魔結束後，神父叫小女孩去聖體龕前祈禱。當下一個女孩來接受驅魔時，肯迪度神父也問這個魔鬼叫什麼名字。結果答案是一樣的：「則步隆。」神父問他：「你是附在剛才那個女孩身上的同一個魔鬼嗎？如果是，你給我一個標記。我以天主之名命令你，回到你剛剛離開的那個女孩身上。」第二個女孩嚎叫一聲之後，就安靜下來，而且顯得很平和。在這同時，屋內的人聽到在聖體龕前祈禱的女孩，緊接著發出同樣的嚎叫聲。於是肯迪度神父下令：「再回到這裡來。」第二個女孩就立即開始嚎叫，另一個女孩又開始祈禱。這些情況很明顯的是附魔。

從患者（尤其是兒童）對深奧問題所做的回答中，也可以明確地證明他是附魔。有次肯迪度神父認為一個十一歲的男孩附魔，就問了他一些深奧的問題。他問說：「世界上有許多偉大的科學家，一些非常優秀的智者，他們否認天主，也否認你的存在。你怎麼看這事？」這男孩立即回答說：「那些不是非常優秀的智者！他們只是非常優秀的平庸之輩！」

肯迪度神父接著就指桑罵槐地諷刺惡魔說：「有些人明知故犯，憑自己的意願否認天主。你稱他們為什麼？」附魔的小男孩氣得跳起來說：「你想清楚。記住，我們就是要在祂面前恢復我們的自由，我們永遠不會聽祂的！」驅魔師繼續說：「那你告訴我，在天主面前恢復你的自由是什麼意思，如果沒有祂，你什麼都不是，就像我什麼也不是。這就好像說，10這個數字中的0想要與1分開，這個0會變成什麼？它能做什麼？我以天主之名命令你，告訴我，你成就過什麼好事？來吧，說啊！」

魔鬼充滿了憤怒和恐懼，身體不安地扭動，口齒不清地喃喃自語。他啜泣的樣子非常恐怖，一點也不像一個十一歲的孩子。他說：「不要這樣逼我！不要像這樣逼我！」很多人會懷疑，我們怎能確定是在與魔鬼說話。在這種情況下，那是毫無疑問的。

我再舉另外一個案例。有一天，肯迪度神父正為一位十七歲的女孩驅魔。她是一個鄉下人，只會說她自己家鄉的方言，她的義大利語能力非常有限。另外還有兩位神父也參與這次驅魔。一旦他們確定了撒但的存在，這兩位神父就繼續質問她。肯迪度神父在誦念拉丁文禱詞時，開始參雜了一些些希臘語：「閉嘴！離開！」女孩立即轉向他說：「你為什麼命令我住嘴？你這話應該對這兩個一直在問我問題的傢伙說！」

肯迪度神父問過很多不同年齡的附魔者，然而，他喜歡講述他問兒童的事，因為他們的答案遠遠超出了他們的年齡，因此很明確地證明了某種魔鬼的存在。

有一天，肯迪度神父問一個十三歲的女孩：「有兩個人，他們一輩子彼此憎恨敵視對方直到死亡，結果兩個人都下了地獄。現在他們將要永遠與對方相處在一起，他們的關係會變成怎樣？」他得到的答案是：「你這人怎麼這樣愚蠢！在那裡，每個人都蜷縮在自己的內心裡，感受撕心裂肺的懊悔。在那裡人與人之間沒有任何關係，每個人都發現自己被鎖在最深的孤獨中，絕望地為自己所犯的罪過而哭泣。那裡就像一個墳場。」

第二章

第一次「祝福禮」

第一次為這些「病患」行「祝福禮」時，最好是用比較委婉的言辭。因此，我們總是把驅魔稱之為「祝福」。一旦確定病情是因為有魔鬼的困擾，就稱其為「負面力量」。用拉丁文來念祈禱辭也有益處。所有這一切都是為了避免使用讓人聽了會感到緊張的言詞，以免導致與預期相反的效果。

有些人會頑固地認定自己附魔；而這種情況，我們幾乎可以肯定他們不是。對一個心理狀態混亂的人而言，接受驅魔的事實可能成為他自我認定被附魔的積極證據，也就沒有人能夠說服他不是。當我對一個人的了解還不夠深時，我會堅持說我是在為他行祝福禮，即使我是在做驅魔；有時，我只是給他行《驅邪禮典》中為病人所做的祝福禮。

完整的驅魔聖儀包括許多開始的禱文，然後是三個真正的驅魔儀式，它們彼此不同而互補，並遵循一個朝向釋放的邏輯順序。雖然這些經文早在一六一四年就被採用，但那不重要，重要的是，這些是由直接和長期的經驗累積出來的成果。這些禮儀是阿爾昆（Alcuinus）寫的，他寫完了之後，又完整地試用過，非常謹慎地確定其中的每一句話都不會對附魔者造成負面的影響。其中有幾個小缺失，肯迪度神父和我將其補足了。例如，其中沒有提到聖母瑪利亞。我們就將教宗良十三世在他的驅魔禮中所使用的詞句加到全部三個驅魔式中。因為阿爾昆的驅魔禮儀的起源可以追溯到第九、十世紀，這些遺漏是可以理解的。

魔鬼的攻擊形式

驅魔的過程可能持續幾分鐘，也可能好幾個小時。當我們為某個人第一次驅魔時，即使我們立即感覺到我們面對的是「負面力量」，最好還是讓第一次驅魔的時間盡量簡短。通常僅限於做幾個開始的祈禱，以及三個驅魔式中的一個；我通常會選擇第一式，因為在這過程中有傅油（恩膏）的機會。雖然《驅邪禮典》沒有提到這一點——禮典中也沒有提到許多其他東西——但經驗告訴我們，在念「因你十字聖號之名，你的僕人得受保護」（Sit nominis tui signo famulus tuus munitus）的同時，使用慕道聖油，非常有效。這樣做，會重新啟發我們在受洗傅油時的恩寵。

魔鬼總是想要躲藏起來，不被發現，以免被驅逐。因此，通常的情況是，在開始時只能偵測到一點點，甚或完全偵測不到他出現的跡象。然而，當驅魔儀式繼續進行下去時，驅魔的力量迫使他必須顯露出來。有很多方法可以迫使魔鬼現身，傅油是方法之一。《驅邪禮典》沒有特別指定驅魔師的姿勢。有些驅魔師會站著，有些會坐著，有些驅魔師會在附魔者右邊，有些會在左邊，也有會在附魔者後面。儀式只說，當我們開始說「看，上主的十字架」（Ecce crucem Domini）這句話時，應該用聖帶[1]的下擺碰觸患者的頸部，神父應將手放在患者的頭上。

我們注意到，魔鬼的五官感覺非常敏銳（「我經由五官進入」，有一次魔鬼這樣告訴我），尤其是眼睛的部位。因此我們──肯迪度神父及他的學生們──用兩隻手指放在附魔者的眼睛上，當禱詞念到某一個特定的時間時，就把他的眼皮撐開。如果是有魔鬼出現的情況，幾乎每一次我們都只能看到患者眼白的部分。即使我們用雙手一起來把他的眼皮撐開，也只能勉強看出他的瞳孔是翻到眼睛的頂部或底部。

瞳孔的位置顯示附身的魔鬼類型以及造成的問題。在質問附魔者時，我們總是能夠根據《默示錄》（啟示錄）第九章的啟示而區分魔鬼的類型。

魔鬼非常地守口如瓶；他們在迫不得已時才會說話，而且只有在附魔最嚴重、真正完全被魔鬼控制的情況下，才會這樣做。如果魔鬼自己喋喋不休地講話，那是他的詭計，想要轉移驅魔師的話題，以逃避回答被質問的關鍵問題。當我們質問魔鬼時，必須嚴守《驅邪禮典》中的法則：絕對不要問無用的、或只是出於好奇的問題。我們必須要問魔鬼的名字，是否還有其他魔鬼及有多少，魔鬼何時以及如何進入這個身體，什麼時候他將離開。

我們必須找出魔鬼的出現是不是由於詛咒，以及詛咒的細節。如果這個人是因為吃了或喝了魔鬼的東西，他必須把這些東西嘔吐出來。如果其中隱藏了一些巫術，那麼，質問出施行巫術的隱藏之處，就非常重要，如此一來才能將這些東西找出來，謹慎地燒毀處理。

在驅魔的過程中，如果有魔鬼存在，他可能會緩慢地逐步出現，也可能會突然地迸發出來。驅魔師只能逐步地了解病況的強度及嚴重的地步，但無論是魔鬼迫害、著魔、或附魔；無論魔鬼只是稍微打擾或是情況已經盤根錯節，都很難找到清楚敘述個中差異的資料。

我使用的判斷方法是：如果一個人在驅魔的過程中，進入完全的昏迷狀態，那是魔鬼透過他的嘴說話；如果他會動，那是魔鬼利用他的肢體；如果在驅魔結束後，這人完全不記得發生過任何事，我們處理的就是「附魔」的案例：亦即，魔鬼進入這人的體內，不時藉著他所控制的這個身體來行動。要特別注意的是，在驅魔的過程中，魔鬼是

1 譯註：「聖帶」或稱「領帶」，是天主教的執事、神父、主教等聖職人員在執行宗教禮儀時，佩於頸間約長80吋之絲帶（圍巾），加在長白衣之外，象徵神權。

被驅魔禮的力量所迫才會公開出現，而他仍然可以在其他時候攻擊此人，但是通常會以比較輕微的方式。

如果在驅魔期間，病人的一些反應顯示出受到惡魔侵擾，但他意識仍然清楚，並對自己的言語和行動有一些模糊的記憶，那麼我們處理的是「魔鬼迫害」的案例。在這種情況下，魔鬼不是一直存在於這個人的身體內，但是魔鬼會不時地攻擊這人，造成他身體和精神的疾病。

除了魔鬼迫害及附魔之外，我不會花太多篇幅來討論魔鬼的第三種攻擊形式，也就是「著魔」。它的癥狀是患者被自己無法控制的邪惡念頭折騰，特別是在夜深人靜的時候，也有的是不時地發生。所有這些情況的治療方法都是相同的：祈禱、禁食、領聖體、過基督徒的生活、行善，以及驅魔。

攻擊的五個層面

要辨別患者的病況是否由魔鬼引起的，我們會使用一些通常、但不是絕對準確的法則，因為「負面力量」（亦即惡魔）慣常是從五個方面來攻擊人。這些攻擊視它們的起源，嚴重程度也會有所不同。這五個方面分別是：**健康**、**事業**、**情感**、**生活的喜樂**，以及**想死的念頭**。

❶ 健康

魔鬼能夠造成人的身體和精神上的疾病。我前面提到過，身體上兩個最常受到影響的部位是頭和胃。通常，這種不適是長期性的，但有時只是暫時性的，只發生在驅魔的期間。後者包括類似疫疾的腫瘤、刀傷和瘀青。《驅魔禮典》建議在感染或生病的部位畫十字聖號祝福，並灑聖水。

我多次見證到，即使只是簡單地用聖帶覆蓋生病的部位，然後用一隻手按住，就能產生很大的功效。曾經多次有婦女在做卵巢囊腫割除手術前來找我，那時他們已經因為疼痛而做了超音波診斷。在祝福禮之後，他們就不痛了；再次做超音波檢查時，已看不到囊腫，因而取消了手術。

肯迪度神父可以寫出許多嚴重疾病的案例。這些疾病，包括經醫學驗證的腦腫瘤，只因為他的「祝福」而消失了。我必須聲明，這些例子只會發生在受到「負面力量」影響的人身上，我的意思是說，這些病例的成因，是被認定由魔鬼引起的。

❷ 情感

魔鬼可以使人產生無限的恨意，特別是對那些最愛我們的人。魔鬼會摧毀婚姻，破壞婚約；他會讓本來相親相愛的家庭成員，因為無謂的細故而反目成仇。撒但也會破壞友誼；因為撒但的介入，受害者感到處處不受歡迎、人人規避，因而產生離群索居的欲望，從而自憐自艾，深信自己完全無人愛也沒人瞭解，情感完全空虛，也使婚姻不保。因此，每當一段友誼關係發展成為愛情後，又會突然無疾而終。

❸ 事業

因為一個罕見、甚至荒謬的原因，使其不可能找到工作——即使看起來好像確定會接到一個工作的聘僱。受害者可能終於找到了工作，但又沒有任何特殊原因就離開了，然後又繼續尋找另一個工作，但是找到的結果，要不就是不去面試，要不就是又因同樣莫名的原因離職。這些不幸之人的親友都懷疑他們人格異常或是不負責任。

我看過原來非常富有的家庭，為了無人可以解釋的原因淪為赤貧。成功的事業家突然莫名其妙地面臨一切都走向毀滅的困境，或是一位精明的企業家開始作出一個接一個的錯誤決定，導致最後背負重債。還有，非常受顧客喜愛的商店，突然發生毫無預警的顧客驟減現象。當魔鬼影響到金錢事務時，求職者不可能找到一份工作，富人突然被迫淪入貧困，本來就業的人變成失業，而這一切都沒有任何明顯的原因。

❹ 生活的喜樂

可以想像的，身體疾病、情感孤獨、經濟破產會使人悲觀，而對人生感到消極。那些受到影響的人會變得無法樂觀，沒有希望；生活似乎完全暗淡，沒有任何出路，而令人難以忍受。

❺ 想死的念頭

第五個階段。這是邪惡敵人的最終目標：使我們因為感到絕望而自殺。在這裡我必須立即補充說明，當我們將自己置於教會的保護之下，即使只做一次驅魔，第五階段就可被消除。這種情況，彷彿是重溫被天主允許的約伯所受的痛苦：「看，任你處置他，但要保留他的命。」[2]我可以舉出很多例子，在近乎奇蹟般的天主干預下，一些人得救，免於自殺。

2 約伯傳（約伯記）2章6節。

我相信很多讀者都會覺得自己在某種程度上也身處於這五個階段之中。我必須重申，大多數時候，所有這些問題的成因都與魔鬼困擾無關；我們無法自己決定是否附魔或是被魔鬼迫害。

我再舉兩個最嚴重的第五個階段的例子，在這兩個案例中，患者已經到了渴望死亡並嘗試自殺的地步。

我曾經處理過一個護理師的案例，她由於一些非常嚴重的個人問題，對生命感到絕望，而胡思亂想：「如果我在為這個病人輸血時故意弄錯血型，我就會被逮捕，然後就可以安全地待在監獄裡。」她把這個想法真的付諸行動，也相信自己為病人輸入的是錯誤的血型。然後她回到辦公室，坐在那裡靜候被捕。但是幾個小時過去了，事實證明輸血成功，護理師很後悔她所做的事。

吉安卡羅是一位英俊的年輕男子，二十五歲，外表看起來身體健康，精神飽滿。然而，他體內有一個「房客」，一直殘酷地折磨他。雖然驅魔對他有一些幫助，但還是沒有解決問題。有天晚上，他決定要結束這一切，他以前也企圖自殺過很多次。他沿著一段交通繁忙的鐵軌走著，最後停在一個大轉彎的地方，用睡袋躺在鐵軌上。他在那裡躺了四、五個小時，雖然兩個方向都有許多列車經過，但每次列車都在吉安卡羅對面的那一組軌道上行駛——由於一些沒有人可以解釋的原因，他們發現了他。

常見的附魔案例

我問過肯迪度神父，在他漫長的驅魔師生涯中，有沒有被他祝福過的人，後來自殺身亡。他說有一個案例是這樣的：有個羅馬女孩，因為完全被魔鬼控制，情況非常惡劣，被人送到他這裡來。驅魔後，她開始稍微感到一些紓解，雖然她仍然覺得要對抗自殺的誘惑極端困難。

有一天，她的母親來找肯迪度神父，她相信她女兒的病是出於自己的想像，因此不斷地責備她女兒。這位母親表面上好像相信了肯迪度神父的解釋，但事實上，並非如此。有一天，女兒向她母親坦承，自己飽受不斷想自殺的念頭折磨，這位無知的女人又開始她慣常喋喋不休的咒罵：「你這個沒用的蠢貨，連自己都殺不死。你去死死看啊！」她在咒罵時，同時把窗戶大開。女兒跳了下去，立即身亡。這是所有請肯迪度神父驅魔的人中，唯一的自殺案例。然而，很顯然地，是這位母親的過錯，她應該為她女兒的悲慘結局負責。

我曾說過，要花多長的時間來完成驅魔，是無法預估的。患者積極的合作是非常重要的關鍵。然而，即使患者非常合作，有時我們也只能做到讓情況有所改善，而不能完全讓患者得到釋放。

有一天，肯迪度神父在為一位身材高大的年輕人驅魔，這種情況會讓驅魔師汗流浹背，因為他必須使用很大的力氣。看來這真是一場惡鬥。一開始，這位年輕人就告訴神父：「我不知道今天是否適合驅魔，因為我感覺我會傷到你。」事實上，這兩人真的打了起來，勝負難分。突然間，這位年輕人倒下在地，肯迪度神父也力竭地倒在他身上。他玩笑地告訴我：「如果那時正好有人走進來，他會分不出誰是驅魔師，誰是附魔者。」過了一陣子後，神父恢復過來，繼續完成了驅魔禮。

幾天之後，畢奧神父警告肯迪度神父：「不要浪廢時間和精力在這年輕人身上了。你會徒勞無功。」因為天主的啟示，畢奧神父知道，沒有任何辦法會對這位年輕人起作用。事實證明了他的直覺。

我再多說一件我的心得：「附魔不是傳染病，不論他的親人或看到他的情形的人，都不會被傳染。施行驅魔的地方，也不會被感染。」把這一點說明白很重要，因為常常驅魔師要找一個可以行這個聖儀的地方都很困難。至少，神父們應該了解，一個場所出現附魔的人，以及在那裡為他們驅魔，不會影響到這地方及居住在這裡的人。我們應該害怕的是罪：一個心硬的罪人，一個褻瀆的人，會傷害他的家庭、他的工作場所，以及他常去的任何地方。

以下我選的這些案例，並不是最驚人的，而是我最常碰到的情形。

安娜瑪利亞，這位十六歲的女孩感到非常沮喪，因為她在學校跟不上課業進度（她以前從來沒有過學習上的問題），並且她在家中聽到奇怪的噪音。她的父母帶著她及她的姊妹來看我。我祝福她時，發現有負面的標記。然後我祝福她的母親，因為她有些微恙。當我把雙手覆在這位母親的頭上時，她發出尖聲的高叫，並從她的座椅上滾落到地。

我請這兩位姊妹離開這房間，然後在她先生的協助下，我繼續為她驅魔。我在這位母親身上感到遠比她女兒身上更強烈許多的負面標記。為安娜瑪利亞，我只要三次祝福就足夠了，因為那是輕微的附魔狀況，我能夠立即治癒她。但為這位母親，則需要幾個月的時間來驅魔。後來她完全恢復了，比我原先按她在接受第一次祝福後的反應所做的估計，早了許多。

吉瓦娜，一位三十歲的女人，有三個兒子，她的告解神父遣送她到我這裡來。她有頭痛、昏厥、腹痛的問題，但醫生說她完全健康。慢慢地，她的癥狀逐漸出現；因為她被三個惡魔，藉著三種不同的詛咒，進入她的體內。最強的詛咒是在她結婚前，一個想要嫁給她未婚夫的女孩所施行的。吉瓦娜家庭的健全祈禱生活，對她的驅魔效果有極大的助益。其中兩個惡魔相當快地離開了，但第三個比較頑強，經過了三年的每週驅魔，他才離開。

馬塞菈是位十九歲的金髮女孩，她來與我面談時，看起來頗為桀驁不馴。她的胃部會感到刺痛，在家裡和在工作時她都無法自抑地不斷說些攻擊人與酸腐的言語。醫生聲稱她的健康完全沒有問題。開始驅魔時，我用雙手打開她的眼簾，她的眼睛完全是白色的，她的瞳孔在她眼球下半部，幾乎看不見。她發出諷刺的笑聲。我幾乎還沒來得及去想我面對的是撒但，就聽到一個聲音夾雜著一陣大笑說：「我是撒但。」一點一點地，馬塞菈加強了她的祈禱生活，開始領受聖體，每天念玫瑰經祈禱，並且每週去辦告解（告解比驅魔還有力！）。她的病情逐漸改善，只有當她祈禱的強度減弱時，她的病情才會又加劇。

二十八歲的基塞佩和他的母親及妹妹一起來找我。我立即意識到他來看我只是為了應付他的親人。他身上有很強烈的大麻菸味——他使用並販賣毒品，並且做褻瀆的事。跟他講論祈禱和聖事是對牛彈琴。我試圖說服他接受我的驅魔。這個過程被迫非常簡短，因為魔鬼立即粗暴地顯露了自己，我不得不停止。當我告訴基塞佩他被魔鬼附身時，他回答說：「我早就知道而且我也很高興，我跟魔鬼相處得很好。」此後，我沒有再見過他。

安吉娜修女雖然很年輕，但她來找我時，身體狀況非常地糟：她幾乎不能說話，當然也無法祈禱，她全身都疼痛不堪，身上幾乎無處沒有傷痕。她的腦中會有褻瀆的聲音迴響，她也會聽到怪異的噪音。她的困擾始於一名卑劣神父的詛咒（可能是一個咒語）。安吉娜修女以她的修會之名，奉獻了她所有的痛苦。經過多次有效的驅魔後，她被調派到另一個城市。我希望她能找到另一位驅魔師，幫助她得到完全的釋放。

對家庭的詛咒

我將描述一個常見的、對整個家庭施放恐怖詛咒的案例。

這個家庭的父親是一位非常成功的商人，他突然發現自己的生意莫名其妙地衰退，銷售量大跌，他的倉庫裡堆滿了商品，卻變得無人問津。有一次，他接到一筆大訂單，但要去送貨的卡車卻在途中不斷地拋錨，無法到達目的地，這筆生意也因此告吹。另一次，在經過很多努力後，他贏得了一份大合同。這次卡車順利到達買方的倉庫，但在場所有人，竟然沒人能夠打開倉庫門，因此這次的業務又無法完成。

在此期間，他的一個已婚的女兒被丈夫遺棄，另一個女兒的未婚夫在婚禮前夕不告而別。就像其他大多數類似的情況一樣，他禍不單行地又發生健康問題，並且聽到怪異的噪音。

這很難說要從哪裡開始。我建議他多祈禱，常領聖體，並以一個真正基督徒的方式生活，然後我開始為這個家庭的所有成員驅魔。我也在他們的屋子以及這位父親的生意場所進行驅魔及做彌撒。一年之後，所有這一切開始有了成果，並且以穩定的步伐（縱使有時緩慢）持續不斷地改善。這些真是對信德和堅忍的試煉！

安多妮雅這位二十歲的女孩，與她的父親（一位烘培師傅）一起來找我。這個女兒似乎是一個有在占卜的人。她聽到奇怪的說話聲，使她無法睡覺或工作。幾乎在這同時，她的父親開始感到劇烈的胃痛，但藥石罔效，群醫束手。當我在祝福這位女兒時，我感到有輕微的負面力量呈現。我告訴她，除非我錯漏了什麼，不然她只需要幾次的驅魔禮。當我祝福她的父親時，他進入了一個完全昏迷的狀態，整個過程中，他不發一語，毫不動彈。

當他恢復知覺後，我發現他完全不知道發生了什麼事。我告誡他的女兒不要對他說什麼，以免嚇到他，並要求他們兩個再回來看我。回到家後，女兒按耐不住，將一切事情都告訴了她父親。這位父親在恐慌之下，去找了巫師。建議他們來找我的人告訴我，他們倆人都病了，但他們再也沒有回來找我。我遇過一些人，他們因為癒合速度緩慢而感到失望，遂轉而向巫師求助，期望能得到更快的效果，卻招來悲慘的後果。天主創造自由的我們，我們也可以自由地毀滅自己。

在本章結束前，我想要說明一點：每一位驅魔師都有一些與眾不同的個人經驗。有些情況是如此特殊，沒有其他人遇到過。如果有驅魔師懷疑我所寫的，特別是本章開端有關眼睛、頭痛和胃痛部位的事，我不會驚訝。這些是肯迪度神父和所有他教導出來的驅魔師經常遇到的現象，這些現象是真實的，無論其他驅魔師是否也有同樣的經歷。

我相信我們必須抱著極為尊重的態度，來研究不同的驅魔方法理論及經驗。事實不會改變，我們不能因為事實與其他人的經驗不同，而貶低這方法的效力。

第三章

魔鬼的習性

一般而言，魔鬼會盡其所能地讓自己不被察覺。他不愛多說，並試圖以各種方法讓驅魔師與附魔者感到挫折。經驗告訴我，魔鬼的舉動會隨著下列四個時期而有所不同：被察覺前，在驅魔時，開始釋放時，以及釋放之後。但我必須提醒大家，從沒有兩個完全一樣的例子。

魔鬼的舉動是最無法預測的，而且有許多不同的形式。我將要敘述的是最常見的魔鬼舉動。

在被察覺之前

附魔造成生理和精神的紊亂。因此，附魔者通常在醫生的看顧下，而無人懷疑問題的真實性質。常常醫生花了很久的時間試圖針對癥狀來加以治療，並且試用過許多藥物，但效果總是非常有限。常見的情形是，患者從一個醫生換到另一個醫生，並指責醫生無能。精神病的癥狀最難治療，許多時候專家也看不出有任何問題——雖然這種情形也常發生在生理疾病上——因而往往家人會指責附魔者，所有問題都是他自己想像出來的。

這些「病人」背負的最重的十字架就是這個：別人既不明白，也不相信。幾乎總是要到「正統醫學」束手無策後，這些人才會來敲「治療者」的大門，或是更糟的，求助於術士、占卜和巫醫，結果使事態更加嚴重。

通常，每一個（聽了朋友的建議，很少是因神父的建議！）來找驅魔師的人，都已經遍訪名醫，而且是滿心懷疑——往往他已經試過了巫師和術士。通常這些人本身就缺乏信仰，或沒有過信仰的生活；可想而知，其結果自然是延遲尋求驅魔師的幫助。而教會對此事沒有足夠的關懷，更是不可原諒的缺失，使得問題雪上加霜。

我們必須記得，即使是在完全被魔鬼控制的情況下，也就是說，當魔鬼利用受害者的身體來說話和行動的情況下，魔鬼的行動也不會前後一致。他會不時地變換他活動的時期（通常我們稱之為「危機時刻」），他安靜不作怪的時間也無法預測。因此，除了少數例外，當事人通常仍有生活功能，可以看起來像正常人一樣地去工作或上學。只有當事人自己曉得，為了要表現出這個正常的形象，需要費多大的功夫。

在驅魔的時候

在開始的時候，魔鬼會盡量讓自己不被發現，或至少會掩飾他附體的程度有多嚴重，雖然不見得他總是會成功。有時，他被驅魔的力量所迫，在第一次祈禱時就暴露了他的存在；其他時候，則可能需要經過好幾次驅魔才能逼他現身。我記得有位年輕人，我第一次為他祝福時，只出現了輕微的負面反應。我心想：「這個簡單。這次做完後，只要再做幾次祝福就可以搞定了。」然而到了第二次，他變得非常憤怒，之後，除非有四個壯漢在場幫我把他壓制住，否則就不可能開始進行驅魔。

在其他的一些情況下，我們必須靜待「天主的時刻」到來。印象很深的是，有一個人他看過了包括我在內的幾個驅魔師，但都沒有任何魔鬼出現的跡象。最後，有一次魔鬼被迫現身，之後的驅魔就進行得很順利。有的時候，魔鬼會在從第一次或第二次祝福之後就把他的力量完全顯示出來，但這都因人而異。有時，魔鬼會一次次逐步顯現：某些附魔的人在每次驅魔時都會出現不同的病症，讓人感覺每次驅魔只能為他治好一種病，要等他身上的所有病都治好後，才會痊癒。

魔鬼對祈禱和禁令有各種不同的反應。很多時候他會假裝好像驅魔對他不痛不癢，但事實上他會遭受很多痛苦並且痛苦會持續加重，直到附魔的人被釋放。有些附魔的人會沉默不語也不動彈，如果被人刺激挑動，他的反應最多也只限於眼睛。有些附魔的人會暴跳如雷，如果不將他們壓制住，他們會傷害自己。另外一些附魔的人會哀嚎，特別是如果按《驅邪禮典》的建議，用神父的聖帶按在他們身上受影響的部位，或是畫十字聖號祝福他，或灑聖水。有很少數的情況，附魔的人會使用暴力，這時候就必須由驅魔師的助手或附魔人的親屬將他緊緊地抓住。

魔鬼非常不願意開口說話。《驅邪禮典》對驅魔師的警告一點也沒錯，絕不可以出於好奇心而問魔鬼問題，而只應當問有助於釋放附魔者的問題。首先一定要問的是魔鬼的名字。為魔鬼而言，他絕不願意透露他是誰，因為透露他自己是誰，就表示是他被打敗了。因此，即使他迫不得已必須說出自己是誰，到下次驅魔時，他也還是不願意再重說一次名字。

接著，我們會命令這個邪惡的傢伙告訴我們，有多少魔鬼住在這個附魔人的體內。可能有很多，也可能只有幾個魔鬼附在體內，但他們中間總有一個是為首的，他也總是第一個被叫出名字的。如果這魔鬼的名字在聖經中有記載，或是屬於傳統稱呼魔鬼的名稱[1]，那我們面對的就是比較難打敗的「重量級」的惡魔。驅魔困難的程度也與一個人附魔的程度有關。如果同時有幾個魔鬼附身，為首的魔鬼總是最後才會離開。

1 例如：撒但、路西弗、貝耳則步（別西卜）、則步隆（西步倫）、梅里登（Meridian）、阿斯摩太（Asmodeus）等等。

附魔的程度也可以從魔鬼對天主聖名的反應看出來。一般來說，魔鬼不會、也不能說出這些名字；他會用一些代名詞，譬如「他」（指天主或耶穌）或「她」（指聖母）。有時候他會說「你的老闆」或「你的母后」來代稱耶穌或瑪利亞。如果附魔的程度非常強，而且這魔鬼的位階很高（容我再強調一次，魔鬼仍然保持他們以前還是天使時的等級，例如座次、秩品、權限），那麼他也可能會說出天主和瑪利亞的名字，但他總會接著說出一些非常褻瀆的話。

我不知道為什麼有些人認為魔鬼很愛說話，他們相信在驅魔的時候，如果有魔鬼在，魔鬼就會公然地張揚他們的所有罪惡。這是一個錯誤的想法：魔鬼不願意說話，當他們說話的時候，他們會裝瘋賣傻，為使驅魔師分心，以逃避他的問題。

但是也有例外的情形。有一天，肯迪度神父邀請了另外一位神父來參加他的驅魔儀式。這位不相信也看不起驅魔的神父接受了邀請，但他的態度顯得很輕蔑；當在場的眾人都在祈禱時，他還抱雙臂站在那裡，沒有祈禱，臉上還露出嘲諷的笑意。突然間，魔鬼轉向他說：「你說你不相信我的存在，但你卻相信女人。是的，你相信女人，相信得很！」可憐那位倒楣的神父，悄悄地倒退幾步，到了門口後就迅速消失了。

另外有一次，魔鬼揭發了所有罪惡，想要讓驅魔師喪氣。那次肯迪度神父是在為一位年輕英俊的小伙子驅魔，因為他被一個很兇惡的魔鬼附身。這個魔鬼想要讓肯迪度神父放棄，他說：「難道你不知道你只是在浪費時間嗎？這傢伙從不祈禱。他常跟這些……這些人鬼混，幹這些……這些好事。」接著還講了一長串他的醜陋惡行。

驅魔要結束時，肯迪度神父明知可能徒勞無功，還是勸這年輕人去辦一個妥善的告解，最後幾乎是把他拽進了告解亭。但他一到那裡就立即說，他沒有什麼罪要告解。然後肯迪度神父問他：「但是你不是做了這些、那些事嗎？」這個嚇呆了的小伙子，不得不承認他的罪過。當這位聽告解的神父繼續數落他的一長串罪行時，這位年輕人承認了魔鬼所透露的每一件事。在接受神父赦罪後，這個年輕人在離開時，口中還嘟囔著：「我現在完全迷糊了！為什麼這些神父啥都知道！」

《驅邪禮典》建議，還可以問魔鬼「附身了多久、動機為何」這一類的問題。我在後面將會提到，如果是被詛咒的情形，我們必須怎樣做，以及問些什麼問題。但我們不要忘記，魔鬼是說謊專家。他會隨意指責這人或那人，來製造懷疑和敵意。他的答覆我們必須仔細過濾。

我必須說，一般而言，質問魔鬼並不是很重要。例如，當魔鬼知道他的力量逐漸消退時，往往他會給一個他將要離開的日期，但他仍會徘徊不去。像肯迪度神父這樣有經驗的驅魔師，常常不只能猜到他面對的是什麼樣的魔鬼，甚至還常能猜到這個魔鬼的名字，因此他不會問太多的問題。然而，有時他問魔鬼的名字，得到的回答卻是：「你早就知道了！」魔鬼說的這話也沒錯。

在很嚴重的附魔情況下，魔鬼可能會主動發言以阻撓驅魔者。很多次魔鬼對我說：「你又能對我怎麼樣！」、「這是我的家，我高興住在這裡，我就會在這裡待下來。」、「別浪費你的時間了。」有的時候我會受到恐嚇：「我會把你的心肝挖出來當大餐！」、「今晚我會讓你嚇得魂飛魄散，不敢闔眼。」、「我會像蛇一樣鑽進入你的棉被。」、「我會把你從床上拽下來摔到門外。」但是，當我對他反唇相譏後，他就閉嘴了。譬如，當我說「聖母用她的斗篷覆罩著我。你能對我怎樣？」或是「總領天使加俾額爾（天使長加百列）是我的護衛者，有膽你就跟他去拚啊！」或是「我的護守天使看顧著我，會使我毫髮無傷，你無法傷害我的」，魔鬼就沉默不語了。

驅魔師總是能找到一個魔鬼特別的弱點。有些魔鬼無法承受用神父的聖帶在附魔者身體疼痛的地方畫十字聖號，有些魔鬼無法忍受驅魔師在附魔者的臉上吹氣，也有些魔鬼使盡渾身力量抗拒神父灑聖水祝福。還有，在驅魔禱詞中的某些句子，會使魔鬼暴跳如雷或失去力量。驅魔師在這時候會按《驅邪禮典》的建議，重複誦念這些句子。

每次驅魔的時間長短，按神父自己的判斷而不同。通常若有醫生在場，會頗有助益。醫生不僅有助於驅魔師的初步診斷，也有助於決定驅魔過程的長短。當附魔者或驅魔師感覺不適時，醫生可以建議應當何時結束這次驅魔。驅魔師也可以確定再繼續這次的驅魔是否會有改善。

魔鬼即將離開時

這是一個需要謹慎應付的困難時刻，也許會要相當長的時間。有時魔鬼會自己表明他已經精疲力竭了，但其他時候，他會做困獸之鬥，再做最後的一搏。我們通常看到一般病人康復的過程是，逐漸好轉直到完全痊癒，但是絕大多數的附魔情形卻正好相反，往往是附魔者感到情況越來越糟，但就在他要完全撐不住的時候，卻被治癒了。

為魔鬼而言，離開附魔人的身體而回到地獄——他幾乎都是被遣送到那裡——意味著永遠死亡，再也沒有能力去騷擾人了。在驅魔的時候，他會絕望地喊叫，例如：「我要死了，我要死了！」、「我受不了了。」、「夠了！你要把我折磨死了！」、「你們都是殺人狂、劊子手，所有神父都是殺人狂！」和其他類似的話。但是在驅魔儀式剛開始時，他會說：「你不能拿我怎麼樣！」現在他會說：「你快害死我了，你贏了。」

剛開始時，他會說他永遠不會離開，因為他住在這個身體裡非常快樂；現在他會說，他覺得很不舒服，想要離開。這是事實，每一次驅魔，就像是用棒子擊打惡魔。他會很痛苦，但同時他也會造成附魔的人疼痛和虛弱。他甚至會承認在地獄也比在驅魔的時候好過。有一次，肯迪度神父為一個人驅魔到了將要得到釋放的時候，魔鬼坦白地告訴他：「要不是因為這比在地獄受的罪更痛苦，你想我會離開嗎？」驅魔儀式讓他到了真的難以忍受的地步。

我們也必須記住要如何幫助那些即將要被釋放的人。魔鬼會企圖把他的感覺傳染給附魔者：魔鬼自己受不了，他會把這種絕望的感覺傳給他的受害者；魔鬼感到他的生命將盡、無法理性地思考，也把這種要發瘋與快要死的感覺傳給附魔的人。這些人常會因此哀求我：「告訴我實話，我瘋了嗎？」這種情況下，要受害者繼續接受驅魔也變得更加困難，如果不是因為有人幾乎是把他押著去接受驅魔，他是不會去的。有時，一個附魔者接近或是幾乎就要被釋放了，卻再也不來接受驅魔。這些「病人」需要別人幫助他祈禱及帶他去教堂，因為他自己無法做這些事。他們也需要別人扶助來接受驅魔。必須常常鼓勵他們，特別是在最後的階段。

毫無疑問的，被釋放之前的時間越長，越會造成心情沮喪和體力耗竭。受害者會感到他的病是不治之症。有時惡魔也會造成真正的疾病，有些是身體的，但主要是心理的疾病。這種情形就必須在釋放後接受醫療。其他時候，釋放後就完全癒合，不需要再做什麼。

在釋放之後

最重要的，是要繼續勤於祈禱、領受聖事，以及過基督徒的生活。再零星地接受幾次驅魔也有助益，因為魔鬼常會再度攻擊，企圖重回到人的身上，因此最好不為他打開任何門戶。

我們可以把這段時間稱為「集結力量以保障釋放成果」的時期。偶爾，我的一些「病人」會有復發的情形。如果患者本身沒有什麼疏忽，也就是說，他保持著很好的靈性生活，第二次的釋放就會很容易。但是，如果他疏於祈禱，甚至更糟的陷入習慣性的罪惡，就會使得附魔的情況更加嚴重。正如〈瑪竇福音〉（馬太福音）12章43～45節所描述的，魔鬼帶了七個比他更惡的魔鬼來。

我相信，讀者現在都已經知道，魔鬼會想盡辦法不讓人察覺他的存在。這是幫助我們分辨究竟是附魔或是心理問題的一個實際依據。如果是心理問題，通常患者會盡力地想要引起別人注意。相反地，魔鬼則會小心翼翼地行動，避免被人察覺。

第四章

受害者的見證

本章是一位曾經附魔的人寫的，很坦誠的見證。即使是一位有經驗的驅魔師也很難真正體會到附魔人的感受。一個看起來好像只是普通程度的惡魔侵擾，也隱藏著患者無法描述的痛苦。有位受害者，他盡了一切努力，表達了他難以言傳的痛苦，相信只有那些受過同樣折磨的人才能理解。

這一切都是從我十六歲那年開始。

在那之前，我是一個快樂的少年。我很開朗，相當有幽默感，但是似乎有些什麼東西一直在困擾我。我的朋友會問我：「我們要去做這些跟那些事，為什麼你不做？」或者「我們要去那個地方，為什麼你不來？」我不知道為什麼我對這些事都提不起勁，但我沒有把這當作一回事。我住在海邊的一個小鎮，大海、晨曦、和田野都很能幫助人解除憂悶。

十六歲生日後，我搬到羅馬，離開了教會，我像劉姥姥進入大觀園般，開始追逐所有的樂趣。也就是說，我開始體驗在小鎮時完全不懂的放縱。很快地，我跟流浪漢、吸毒犯、扒手、「容易上手」的女孩，三教九流的人都混熟了。我迫不急待地要吸收所有的「噪音」，這使我遠離了以前我所熟悉的平靜。我開始將自己沉浸在一個矯揉造作、得意忘形、令人作嘔的環境中。

我的父親很專制。他控制我的一舉一動，而且總是覺得我很煩。他對我的厭煩和他讓我所受的羞辱，把我推到街頭。我離開了家，深切感受到了飢餓、寒冷、疲倦，以及卑賤。我跟一些放蕩的女人及狐群狗黨成了莫逆之交。不久後，我開始問自己一些無解的問題，譬如：「我活著為什麼？為何我會流浪街頭？為何我落得這幅模樣而別人卻有能力工作及微笑？」

當時和我同居的是一個相信邪惡比善良更有力量的女孩。她喜歡談論巫師和法術，她寫的東西讓人覺得不可思議。我想她一定很有智慧，因為她筆下的世界和生活超越了人類的範疇。我讀了所有她寫的手稿，然後我強迫她在我面前把這些手稿都燒掉，因為手稿中說的都是關於魔鬼的事，我害怕把這些留在房內。她對我很生氣，但我不明白為什麼；我想要幫助她走出那個黑洞，但我失敗了。她總是嘲笑我以及我想要朝向良善的努力。

我搬回去與父母同住，但我開始與一個更糟糕的女孩交往。在往後的幾年中，我變得非常頹廢、倒楣，被所有我認識的人傷害。我似乎被黑暗籠罩了，我臉上不再有笑容，眼淚總是隨時就會流下來。我絕望了，我又問自己：「我活著為什麼？我是誰？人活在世上是為什麼？」自然，我朋友圈內的人對這些問題都不感興趣，最後在極端絕望的時刻，我嘶吼道：「我的天主啊，我完了！我現在就在祢面前，幫幫我！」似乎我的聲音被聽到了，因為幾天後，我的女朋友去了一個教堂，領受了聖體，她在很短的時間內心靈就完全地回歸天主了。

因為不想輸給她，我也同樣這麼做了。我走進教堂時，正巧碰到露德聖母的遊行。他們請我幫忙抬聖像，雖然我覺得很尷尬，但我還是抬了，之後我為有這個榮幸而感到自豪。我領受了聖體，聽告解的神父讓我頗感驚訝，他待人很親切也很能諒解人。當我離開教堂時，我對自己說：「我做到了，我重歸良善了。」雖然我不知道什麼是良善，但我覺得我找到了它。

幾個星期後，我聽到關於聖母從一九八一年以來就定期在南斯拉夫的默主歌耶（Medjugorje）顯現的事。我的女朋友和我被一種難以形容的奇妙力量推動著，遂決定立即啟程前往朝聖。我們完全地回到教會了。我們愛天主甚於愛我們自己，她去當了修女，而我也想要成為神父。我很高興我有了生活的動機並且相信永生，這一切讓我喜不自禁。

被黑暗吞噬

不幸的是，這樣的情況只有在一開始。有「某個人」不喜歡我的新生活。幾年後，我又去了趟默主歌耶，當我回到羅馬時，我聽到了黑暗的迴響，這個黑暗是我找到天主之前我的靈魂的居所。不到幾個星期，這種感覺就變得非常真實。我將之歸咎於父親對我的傷害，使我的生活如此艱難，並誤以為所有人都會有這種痛苦。

我開始感覺到前所未有的痛苦。我冒汗，發熱，渾身無力。我無法自己吃飯，而需要別人餵食。我感覺有些身體之外的東西讓我不適——事實上，我覺得我的身體像是一個陌生人。我成了極度絕望的禁臠。我看到可怕的黑暗，但我知道這不是由我的眼睛看到的，因為這個黑暗不屬於這房間，也不屬於這張我已經躺了好幾個月的床。這個黑暗吞噬了我的未來，我的生活能力，以及所有明天的希望。我好像在被一把無形的刀子宰割，我感到不管這位操刀的人是誰，他必是對我恨之入骨，即使把我置諸死地都不足以消其恨。我的感覺筆墨難以形容，但我所形容的就正是我的感覺。

幾個月後，我發瘋了。我失去了理性，周遭的人想把我送進精神病院。我無法理解自己在說什麼，因為我是住在另一個次元的世界，那是我飽受折磨的地方。我似乎與真實的世界分離了。似乎在眼前的只是我的身體，而我的靈魂則在別的地方，在另一個可怕的地方，那裡漆黑不見一絲天光，是一個完全沒有希望的處所。

漫長的幾個月來，我都命如游絲，無法思考。我失去了朋友、親戚，以及家人們的諒解。我活在另外一個世界：他們無法了解我，我也不能要求他們試著了解我；我知道我內在的感覺，但我永遠也無法描述這種感覺。我幾乎完全忘卻了天主的事情，雖然我不斷哀求祂，不停地哭訴和抱怨。我覺得祂好遙遠，遙遠得無法以里數計算，而只能否定祂。也就是說，我體內有些什麼東西對祂說「不」，也對善良、對生活、對我說「不」。我曾想到要去醫院求助，因為我想這幾個月發燒不停，一定是健康上出了什麼問題。如果我能治好身體，我會比較舒服，我必須要做些什麼來改善這個情況。

沒有一間羅馬的醫院願意讓我住院檢查，因為我只是輕微的發燒。我跑到兩百英哩外的地方，才找到一間醫院願意收容我。我在那裡住院二十天，做遍了每一項可能做的測驗和檢查。出院時，我拿到的健康報告會羨煞每一個運動健將。我強壯得像一匹騾子，但是報告上有一個附註說，沒有人能解釋我發燒的原因，以及我浮腫得像死屍一樣的臉部狀況。

我蒼白得像一張白紙。雖然在住院時我的癥狀稍微改善了一些，但一離開醫院，我又感到我的病情非常嚴重。我嘔吐了很多次，受盡了人身所有可能受的苦。我發現自己站在一個完全陌生的地方，但我不知道我是怎麼來到那裡的。我的腿自己行動起來，我的手臂和我的身體完全不聽我的指揮。這是一個很可怕的感覺，我想要叫我的身體去做什麼，但它不聽從我。我不希望這種經驗落在任何人身上。

我受的這些痛苦好像還不夠，黑暗又回來了；這一次，它不僅吞噬了我的靈魂，也吞噬了我的身體。不管任何時候，即使日正當中，我也好像在深夜中摸索。我的痛苦令人難以置信。我開始尖叫，蜷曲在地，彷彿我身上著火一般。我繼續向聖母祈求，哭喊著：「聖母媽媽，聖母媽媽，求你垂憐。聖母媽媽，我求求你！聖母媽媽求你憐憫我，我快要死了！」我的痛苦沒有減輕，我的疼痛是如此地劇烈，以致我完全迷失了方向。扶著街邊的牆壁，我來到一個電話亭，我不停地敲打電話亭的窗子和牆壁，但我終於撥出了一通電話。我叫我在這個城市唯一認識的人來接我，並把我帶回羅馬。

在我這個朋友到達之前，我清醒了片刻的時間。我知道我看到的是地獄。我沒有碰觸它或實際走進它裡面，我只是從遠處觀看。這段經歷對我生活的改變，比我到默主哥耶朝聖帶來的改變還要多。

接受驅魔

我仍然想要把我的狀況解釋為心理問題，而完全沒有想到是否有超感官的因素。我試圖將我的問題解釋為是由於專制的父親、童年的創傷、情感刺激、心理失調和其他原因造成的。我認為，我現在的狀況就是所有這些因素累積起來的結果。我自修了心理學五年，我認為我已經診斷出我痛苦的原因了。

後來，有位修士建議我打電話給一位有靈恩的傳教士。這位傳教士有知識的神恩，並且是在主教嚴格的督導下工作。因為我是在善導聖母紀念日聽到這個建議，所以我採取了行動。這位有靈恩的人告訴我：「有人對你施放了一個死亡咒語。八個月前，你吃了一個邪惡的水果。」我大聲爆笑出來，完全不相信他。但後來，當我開始反覆思考他的話時，心中慢慢有了一絲希望。我開始回想八個月以前，有一個我已經忘掉的感覺。「確實，」我告訴自己：「我真的吃了那個水果。」我記得當時我原本不想吃，因為我直覺地就對那個給我水果的人很反感。由於這些事情都吻合，我遂聽從了建議，去「接受驅魔」。

我決定要尋找一位驅魔師。在我尋找的過程中，有些神父及主教會嘲笑我的想法，讓我感到很受羞辱，我發現教會在這方面被她自己的牧者給扭曲了。最後，我找到了阿摩特神父。

我對那一天的記憶非常深刻。那時我還不知道什麼是「特別祝福」，我以為那就是彌撒結束時，神父對會眾降福時畫的大十字聖號。我坐下來後，阿摩特神父將他的聖帶搭放在我的肩膀上，一隻手按在我的頭頂。然後他開始用拉丁文祈禱，但是他念的禱文，我一個字也聽不懂。過了一會兒，我感到有一股冷冽得幾乎讓人結凍的泉水，從我的頭頂流下，遍布全身。這是將近一年來，我第一次感到我的發燒消退了。

我什麼都沒說。神父仍然繼續著他的祈禱，漸漸地，我的信心開始復甦。光明再現。鳥兒清脆的歌聲聽起來不再像是烏鴉聒噪的啼哭，周遭的噪音不再讓我抓狂，而就只是聲音而已。在那之前，我必須靠著耳塞來過活，因為只要一點輕微的聲音都會讓我暴躁起來。

阿摩特神父告訴我要再回來繼續接受驅魔。我一離開他那裡，就感到心中要爆發出喜樂的歡笑與歌唱。「真是奇妙啊，」我自言自語著：「我的病好了！」這是真的，我描述的都是我感受到的，我所有的疼痛都是由這個「憎恨我的傢伙」的憤怒所造成，並不是因為我瘋了。「這全都是真的，」在車裡我不斷地喃喃自語：「這全都是真的。」現在，經過了三年，一次又一次的驅魔後，我恢復正常了。我發現幸福來自天主，而不是來自我們自己的成功和努力。

在第一次驅魔之後，我身上所有的邪惡：所謂的不幸、憂鬱、煩惱、腿部抽搐、神經緊張、失眠、害怕自己是精神分裂或癲癇（好幾次我都這樣以為），和許多其他疾病的癥狀都消失了。三年過去了，我有證據可以顯示——當然，只是對我自己——魔鬼確實存在，而且他們遠比我們所想的更猖獗。他們會盡一切可能不讓人發現他們的存在，他們甚至會設法讓我們相信，我們只是得了某種疾病，而事實上，一直是他們在作祟。然而，他們在一個拿著聖水的神父面前，就會嚇得發抖。

痛苦的見證

我決定要把我的經驗寫下來，以提醒讀者。雖然我不幸地經歷了非常痛苦的惡魔侵擾，但我們都不能忽視生活中的這一個面向。現在回顧此事，我很感謝天主允許我經歷這麼嚴厲的試煉，使我能因為這許多苦難，現在得以開始收穫它的果實。我的靈魂已被淨化，我看到我以前看不到的。最重要的是，我對周遭的事實少了一些懷疑，多了一些認知。我以為天主遺棄了我，但現在我知道，那時候祂正在鍛鍊我，讓我做好與祂相遇的準備。

我也想要鼓勵那些遭受同樣病苦的人：不要氣餒。當心，不要相信你眼目所見的跡象。不要以為天主遺棄了你，即使所有跡象都如此顯示，但事實並非如此。當塵埃落定時，你就會知道天主與你同在。你只需要堅忍到底，即使可能需要好幾年的時光。我也相信驅魔的力量來自天主，而不是來自驅魔師或病人的意志。我的經驗是，驅魔的功效取決於患者心靈回歸的意願，而不是驅魔儀式的本身。告解和領聖體與強力的驅魔同等重要。在一個妥善的告解之後，我前面所描述的痛苦立即消失了。在聖體聖事中，我感受到我原以為不可能存在的幸福。

幾年前，在這些痛苦事件還沒有發生時，我也會去辦告解及領受聖體。但是那時因為我沒有這些痛苦的經驗，我不知道這些聖事是避免魔鬼的預防針。現在我知道了，因此我要勸告每個人，最糟糕的就是不冷不熱的態度。我們要相信天主真的就站在告解亭的門口，並臨在於那個常被我們以輕慢態度領受的麵餅中。

我也希望那些懷疑的人會相信，不要等到有「某一位」違反你的意願來「幫助」你時，你才相信。最後，我要向那些可憐的附魔人說些話——沒有人比他們更可憐。他們被撒但憎恨，撒但利用受害者自己的朋友和熟人，殺死他們或迫害他們。我勸你們：不要失去信心，不要放棄希望，不要讓你的意志屈服於暴力的威脅或魔鬼顯現的醜惡面貌之下。

撒但的真正目標不是讓你受苦或傷害你。他想要的不是我們的痛苦，而是更嚴重的東西。他希望我們灰心喪志的靈魂說：「我受夠了，我認輸了。我是魔鬼手中的一塊粘土。天主也無法拯救我。如果天主允許這樣的痛苦發生，顯然祂已經忘卻了我。天主不愛我，魔鬼比他更強大。」這才是魔鬼的真正勝利。即使因為疼痛使我們的信心薄弱，甚至完全失去了信心，我們也必須駁斥魔鬼的這些謬論。

「我們必須渴望信心。」魔鬼不能觸及我們的意志。我們的意志不屬於天主也不屬於魔鬼；它唯獨屬於我們自己，因為我們的意志是天主在創造我們的時候賜予我們的。對那些想要摧毀我們意志的人，我們必須永遠說「不」，要像聖保祿（保羅）一樣，相信：「上天、地上和地下的一切，一聽到耶穌的名字，無不屈膝叩拜。」

這是我們的救贖。若是我們沒有堅定地相信，那麼強加於我們的邪惡——無論是法術還是詛咒——都可能會持續很多年而沒有任何改善。我也想向那些相信自己是瘋了，不相信眼前的困境仍有挽救餘地的人保證。我可以做見證，在經過許多次驅魔後，魔鬼遠離了，好像它從沒存在過一樣。因此，我們絕對不要畏懼，而應要讚美天主給我們背負的十字架。跟隨十字架之後而來的，總是復活，就像黑夜之後總是有白晝——一切都是如此創造的。天主不妄發虛言，我們被揀選，要與在革責瑪尼（客西馬尼）的耶穌基督同行，我們與他一同受苦，是為了要與他一同復活。

我將我的見證奉獻給無玷童貞聖母瑪利亞。我希望在她的帶領下，這個見證能對我那些受苦的手足們有所幫助。對於所有那些被魔鬼利用作為工具而使我遭受痛苦的人，我用愛、寬恕、微笑和祝福來回報。我祈求我的痛苦能導引他們走向光明，如同我從我們偉大奧秘的天主那裡自由領受的光。

第五章

驅魔的功效

驅魔成功的要素

當一個人受制於「負面力量」時——也就是說，受到某種形式的魔鬼糾纏時——我們通常會在第一次驅魔之後就看到患者的情況有所改善，即使魔鬼在驅魔的時侯完全沒有顯現出來。

當我們試圖確定是否有魔鬼的存在時，不能以驅魔當天的反應來斷定。例如，在驅魔的當天，無論患者的情況出現改善或惡化的跡象、昏沉想睡或步履蹣跚、出現瘀傷或疼痛消失，重要的是在驅魔之後的日子裡會發生什麼。通常在頭一兩天不會看出有什麼改變，接著，改善的跡象會在一段時間內慢慢地浮現，這時期的長短會因病情的嚴重程度而異，可能是幾天，也可能要很多天。如果幾天之後病情仍然沒有好轉，在驅魔時也沒有出現「負面力量」的跡象，通常意味著這個問題不是由魔鬼引起。如果驅魔師懷疑魔鬼只是隱藏起來，他可以建議再進行一次驅魔。

重要的是患者在這之後的驅魔過程中的舉止，以及驅魔的結果。無論附魔的狀況輕微或是嚴重，有些魔鬼會在第一天就使盡所有的力量，而在另外一些情況下，雖然魔鬼似乎企圖隱藏，但是他的力量會在接下來的多次驅魔過程中逐漸呈現。最後，力量慢慢減弱。我記得有一個年輕人，剛開始時他只顯出非常輕微的負面力量；但在第二次驅魔時，他開始尖叫並且狂奔亂跳。雖然他的病情比許多其他人都嚴重，但只需要幾個月的驅魔後，他就被釋放了。

患者的合作是驅魔成功的基本要素。我常說，驅魔只能治癒百分之十，其餘的百分之九十是個人的責任。這話是什麼意思呢？就是說，在驅魔的事上，需要有許多的祈禱，常常領受聖事，按照福音的教導生活，使用聖物（稍後我將會討論使用驅魔聖水、鹽、及聖油的事）。這也意味著要請求他人（整個家庭、堂區、信仰團體、祈禱會……等等）一同為患者的治癒祈禱，這樣的祈禱會更有力，並且要奉獻許多彌撒。朝聖以及關愛他人，也很有助益。

最重要的是，必須自己常常祈禱，並經由祈禱，在日常生活中與天主合而為一，才能得到釋放。很多時候我碰到的情形是，患者根本不去做或參與任何信仰的活動。我發現，積極地參與堂區活動或祈禱團體，特別是神恩復興運動，對驅魔的成效非常有幫助。

我常將附魔與吸毒作比較，以說明我對於治癒過程需要患者合作的觀點。大家對毒癮都很清楚：每個人都知道，毒癮是可以戒掉的，但只有在兩種情形下才會成功。首先，患者必須參加一個支持團體或類似的組織，因為他無法靠自己做到。其次，他自己也必須努力合作，否則無論何種形式的幫助都只會徒勞無功。

關於惡魔侵擾的情形，我已經指出了別人幫助的重要性。雖然驅魔與釋放的直接效果產生得很慢，但間接效果——心靈皈依的轉變——卻發生得很快。很多時候，整個家庭都全心全意地活出基督徒的行為，並在祈禱之中（大部分是藉著玫瑰經）全家人合而為一。我也見證過出自真心的寬容克服了治療的障礙，譬如一個不正常的婚姻狀況，或是無法寬恕的過失，或是與某一個人和好，最常見的是與一個已經完全斷絕往來的親近家人重新和好。

有個對抗惡魔侵擾的最有效的工具，也是福音中最難遵循的教導，就是：寬恕你的仇人。在附魔的案例中，施放巫術或詛咒並讓這事繼續不斷的，通常都是患者的仇家。真誠的寬恕，包括為加害人的行為祈禱並為他的心靈轉變奉獻彌撒，常會打開一個本來無解的僵局，使癒合加速。

驅魔的功效包括治癒似乎無法醫治的疾病及不適。我們面對的情況可能是某些身體部位無法找出原因的疼痛——我再強調一次，最常受到影響的部位就是頭和胃；或者我們面對的是一個特殊的疾病，經過醫生詳細檢查後，仍沒有醫好，甚至宣布這是無法治療的病症。魔鬼有能力來造成不適。福音告訴我們，有個女人因為魔鬼纏身，傴僂了十八年（這是否就是脊椎變形呢？），耶穌驅逐了魔鬼，使她痊癒。同樣的，耶穌讓一位受到惡魔侵擾以致又聾又啞的人得到釋放。耶穌也曾治癒過因為生病而又聾又啞的人，但這與撒但的侵擾完全無關。福音很明確地區分生病的人與附魔的人，即使他們的癥狀看起來完全相同。

最容易受害的人

誰是最嚴重的受害者？誰是最難治癒的？根據我個人的經驗，最難治癒的是最強力法術的受害者。我記得有些人是在巴西受到名為「密穴地母」（macumbe）的詛咒。我也曾為受到非洲巫師折磨的人驅魔。這些患者都非常難以治癒。其他棘手的案例涉及要毀滅整個家庭的詛咒。有時問題複雜到讓我不知要從何處著手。那些不時地會遭到新的詛咒打擊的人，需要很長的時間才能被釋放。魔高一尺，道高一丈，驅魔的力量強過詛咒，因此不可能受阻而無法癒合，只是可能會拖很長的一段時間。

哪些人最容易受害？毫無疑問，是年輕人。當我回想起那些附魔的原因，以及那些招致惡魔侵擾的環境時，我可以很明顯地看出，在今天的環境中年輕人是最危險的。因為年輕人缺乏信仰和理想，因此最容易暴露在災難的危機下。甚至連幼兒也非常容易受到危害，但這不是因為他們自己的過錯，而是因為他們的脆弱。很多時候，當我們在為成年人驅魔時，會發現魔鬼存在的跡象可以追溯到患者童年的時期。有些情況更糟，早在他們出生的那一刻，甚至當他們尚在母胎時，就已受到魔鬼的糾纏。

好幾次我曾聽人說，接受我驅魔的女人比男人多。的確，對所有驅魔師而言，都有同樣的情形。若說女人比男人更善於面對魔鬼攻擊，這也不算說錯。男人和女人面對魔鬼攻擊的態度不一樣。女人比男人更傾向於尋求驅魔師的「祝福」，這也是真的。許多男人即使確知自己受到魔鬼的攻擊，仍然死硬地拒絕去找神父。我常要求患者改變他們的生活方式，但在拒絕我的建議的患者中，男性多過女性。這些拒絕改變生活方式的男人，從此沒有再回來，即使他們完全意識到自己附魔的狀況。癒合的最大障礙，是拒絕從無神論者的行為轉變為過信仰的生活，或是從罪惡的生活轉變為充滿恩典的生活。

我不否認要從惡魔的侵擾中得到治癒，需要很努力地去過充實的基督徒生活。我也相信這是天主允許魔鬼存在的原因之一。很多次，被撒但侵擾的受害者告訴我，他們的信仰非常冷淡，他們在日常生活中幾乎從不祈禱。他們承認，受到惡魔侵擾的直接後果是，將他們與天主——有時是非常熱烈地——拉得更近了。我們對生命和塵世的依戀遠超過我們自己所認知的，但是上主的目光比我們遠大很多，祂看重的是我們永生的美好。

驅魔師施行他的祝福時，也會盡力地鼓勵病人祈禱，並追求我在前面提及的各種信仰生活的方式。他也會不遺餘力地使用他所有的工具來刺激、打擊和削弱魔鬼。《驅邪禮典》建議驅魔師要繼續使用會使魔鬼有反應的祝福：魔鬼的反應因人、因時而異。有些魔鬼不能忍受被撒到聖水；有些魔鬼如果我們對著他吹氣，他會氣急敗壞（特士良告訴我們，從早期教父時代開始，就已經使用這種驅魔方法）。另外，有的魔鬼無法忍受焚香的氣味，因此使用這種方式是有幫助的。還有些魔鬼一聽到風琴演奏的聖樂以及額我略聖歌（又譯作葛利果聖歌，Gregorian Chant）的聲音就會痛苦萬分。這些都是我親自試驗過的有效方式。

若問**在驅魔過程中魔鬼會如何反應**？我將重複我已經說過的話：魔鬼會受到痛苦，並且造成患者的痛苦。在驅魔的過程中魔鬼所經歷的痛苦是我們難以想像的。有一天，肯迪度神父問一個魔鬼，地獄裡是否有炙熱燃燒的火。魔鬼回答說：「如果你知道對我而言，你是什麼樣的火，你就不會問我這個問題了。」很顯然我們講的不是由易燃物質造成的實質的火。我們目睹了當魔鬼碰觸到十字架、聖髑和聖水……這些聖物時，他們是如何地像被火燒般的痛苦。

魔鬼也曾多次告訴我說，在驅魔的過程中，他們所受的痛苦更甚於在地獄。我反問：「那你為什麼不去地獄？」他們回答說：「因為我們只對讓這些人受苦感到興趣。」在這裡我們清楚地看到魔鬼的邪惡：魔鬼知道他使別人痛苦，對他自己毫無益處。相反地，他知道他的永罰將會因此增加。但是即使這樣，即使他必須以自己的痛苦作為代價，他仍因為自己邪惡的心而無法抑制自己的惡行。

魔鬼的名字，甚至也如天使一樣，讓我們能從他們的名字知道他們的能力。幾個最主要的魔鬼，名字都出自聖經或是傳統對魔鬼的稱呼，例如：撒但、貝耳則步、路西弗、阿斯摩太、則步隆、梅里登。其他名字則更清楚地告訴我們他們的行動目的——摧毀、滅亡、破壞，或是會造成個人的毛病——失眠、恐懼、不和、嫉妒、猜忌、怠惰。

在大多數情況下，當魔鬼離開人靈後，他們最後注定會到地獄去，有時他們會被放逐到荒漠中（請參考〈多俾亞傳〉，在那裡我們看到阿斯摩太在荒漠中被總領天使辣法厄〔拉斐爾〕綑綁）。我總是強迫魔鬼走到十字架下，去接受耶穌基督這位唯一的審判者的裁決。

第六章
水、油、鹽

三項聖物的用法

在驅魔師（其實不僅是驅魔師）常使用的方式中，我首先要談論驅魔聖水（或至少是聖水）、驅魔聖油（橄欖油）和驅魔聖鹽。每一位神父，不需要特別許可，都可以誦念《驅邪禮典》中的禱文來祝聖這三項物品作為驅魔的工具。當然，了解這三項聖物的確切用法是非常有助益的，若是懷著信心來使用這些聖物，功效更是強大。

◆驅魔聖水

被祝聖過的水本來就已經廣泛地使用於所有的禮儀中。它的重要性在於提醒我們曾經領受過的洗禮。在使用聖水驅魔時，我們祈求上主，藉著所灑的水，賜予我們以下三個恩典：寬赦我們的罪過，保守我們免於魔鬼的邪惡，以及天主的護佑（在義大利，當我們要比喻兩件事互不相容時，我們會說「他們就像魔鬼與聖水一樣相配」）。

驅魔的禱文中會繼續提到驅魔聖水的其他功效。驅魔聖水除了能像治癒疾病一樣，將人從魔鬼的權勢下釋放出來，也會強化天主的恩典，保護房屋及信徒的所有居所，使其免於撒但的邪惡所造成的任何不良影響。《驅邪禮典》也列舉了驅魔聖水的功能，包括保護住在此處的每一個人免於地獄仇敵的所有陰謀伎倆，以及每次魔鬼出現時對生活與平安的危害，並賜給他們健康和寧靜。

◆驅魔聖油

若是懷著信心使用，驅魔聖油有助於驅散魔鬼的力量、魔鬼的攻擊，以及魔鬼招來的鬼魂。驅魔聖油也有助於心靈和身體的健康。它讓我們立即聯想到在傷口抹油的古老傳統，以及耶穌授予他的宗徒以覆手及傅油為人治病的能力。

驅魔聖油還有一個獨特之處：能將不潔之物從體內分離出來。我曾多次為一些因為吃了或喝了被詛咒的東西而中邪的人驅魔。這種情形很容易分辨出來，因為非常明顯的特徵就是胃痛。這種邪術的癥狀包括異常的飽嗝，爆響的嗝聲或咆哮，特別是在信仰活動進行時（譬如上教堂或祈禱時），尤其常見的是在驅魔的時候發生。在這種情況下，必須將所有的邪惡物質排出體外。驅魔聖油非常有助於將這些不潔之物從體內排除。這種狀況下也可以飲用驅魔聖水。

說到這，所有不熟悉或從未見過這些東西的人，都會很難相信我剛才說的，因此我必須要更具體地說明。我們要排除的是什麼？有時是濃痰或像白色粒狀的流質物體。也有些時候，是非常奇怪的物體，譬如釘子、玻璃碎片、小木偶、打結的線頭、電線圈、雜色的毛線，或血塊。這些物體也可能會自然排出，通常是嘔吐出來。

我要指出的是，將這些東西（即使是尖銳的玻璃）從身體排除，也從沒傷害到身體，反倒對身體有很大的益處。肯迪度神父以前保留了一籃子從不同人身上排除出來的東西。有時候，這些東西如何被排出體外仍然是一個謎。譬如，受害者感到一陣像是釘子梗在胃中的劇痛，接著他在身邊的地板上發現一根釘子，然後疼痛就消失了。最奇異的是，所有這些東西都是在被排出體外的一瞬間成為實體的物品。某次在接受採訪時，肯迪度神父說：「我看過吐出來的東西包括：玻璃、鐵片、頭髮、骨頭，或是小的塑膠東西，形狀像虎豹、獅子，以及毒蛇或牠們的頭。當然，這些怪異的物品與附魔的成因有關。」

◆驅魔聖鹽

這也有助於驅逐魔鬼和癒合靈魂及身體。這種鹽的特別功效是保護一個地方，使其免於魔鬼的出沒或侵擾。當一個地方有遭受惡魔侵擾的疑慮時，我通常會建議將驅魔的鹽撒在門檻上，以及被魔鬼騷擾的房間的四個角落。

祝福衣物

「天主教內不相信驅魔的人士」可能會嘲笑我的說法。可以確定的是，懷著信心使用聖物最為有效；若沒有信心，將沒有效果。梵蒂岡第二屆大公會議以及《天主教法典》(第一一六六條）使用同樣的言詞將聖物定義為「神聖的記號，藉此象徵精神效果，且賴教會的轉禱而獲得」。凡是懷著信心使用這些工具的人，會獲得意想不到的結果。我遇到過很多對各種藥物都沒有反應的患者，在我簡單地畫了十字聖號並將驅魔聖油塗抹於他受影響的部位後，患者就豁然痊癒了。

用驅魔禮的祈禱文祝聖過的香，使用於房屋也很有效。這個議題我們將會分開來討論。香一直是被視為對抗魔鬼的方法，即使在異教徒的文化中，香也被用來作為讚美和朝拜神祇的一個要件。在我們這個時代，禮儀中的用香已經減少了很多，但香仍然是讚美天主與對抗魔鬼的有效要素。

《驅邪禮典》中有**祝福衣物**的特別禱文。很多次我都目睹了這些禱文對被魔鬼糾纏的人的功效。有時我用這來測試是否有魔鬼的出現。常有些患者的親人（父母、未婚妻等等）來問我，他們關愛的人是否受到惡魔的侵擾。如果他們所關愛的人不相信魔鬼的存在，通常這人都是沒有信仰的人，也沒有任何意願要接受神父的祝福。

在這種情況下要怎麼辨？我就會祝福一些患者的衣物，然後請他們將衣物放回那人的衣櫥裡。很多時候受害者一穿上這些祝福過的衣服，就會立即把衣服撕扯掉，因為他們無法忍受碰觸到這些衣物。我已經講過一個這樣的例子。祝福過的聖水是另一個測試的方法。譬如，有位母親懷疑他的兒子或丈夫附魔，她就用聖水來煮湯，或沖咖啡、泡茶。常常被附魔的人會毫無緣由地覺得這位母親準備的這項食品很苦，難以下嚥。

我必須提醒大家，這些測試是附魔的積極證據：也就是說，如果一個人對於祝聖過的水或衣物很敏感，這可能就是附魔的跡象。但我不能說反之亦然。換句話說，如果對這些測試沒有反應，並不一定表示沒有魔鬼的存在。魔鬼會想盡辦法避免被檢測到。

在驅魔的過程中，魔鬼會試圖隱藏。《驅邪禮典》很明確地警告驅魔師，要提防魔鬼的詭計。為了不被發現，魔鬼可能會不回答一些問題，或給一個很幼稚的答案，完全不像是一個有智能的精神體。有些時候，他會假裝離開了附魔者的身體，停止所有的活動，希望驅魔師不再照料這個人。再則，他會用盡一切手段來阻擾驅魔。他會製造一些實質或更常見的心理上的障礙，使當事人錯過與驅魔師預約的時間，除非他的朋友或親人強迫他去看驅魔師。

有時魔鬼會使一些自然疾病（特別是心理問題的癥狀）變得更為嚴重，以掩蓋附魔的癥狀。有時病人會夢到或在幻覺中看到天主、聖母或是其他聖人將他從魔鬼的控制下釋放出來，因此他就自欺欺人地告訴神父他已經被釋放了，不用再去接受驅魔。

我所提到的這些聖物，除了各別的特殊用途之外，也有化解魔鬼詭詐伎倆的效力。與魔鬼交鋒時，必然會遭遇到鬼蜮伎倆，因此需要很多的祈禱來幫助我們分辨。讓我指出下列最常見的一些附魔跡象：幻覺、囈語、虛偽的神秘主義，或自稱有神視。我們所面對的這種情況，常常不是因為心理疾病，而是由於惡魔的欺騙所造成。

我要以一個關於聖水的趣事作為本章的結語。有次肯迪度神父為一位附魔人驅魔時，管理聖堂的人拿著聖水棒和一桶聖水走過來。魔鬼立即轉向他說：「你可以拿這桶水去洗你的豬鼻子！」這時，管理聖堂的人才想起來，他在水龍頭下裝滿了水桶後，卻忘了去請神父祝福這桶水。

雖然一九九三年四月十一日頒布遵行的新「祝福禮典」（Book of Blessings）改變了祝福的方式，但它並沒有削弱這些祝福的有效性，即使它沒有明確地列示出所有益處也一樣。

第七章

為房屋驅魔

家中的怪現象

聖經中沒有任何為房屋驅魔的記載，但經驗告訴我們，在某些情況下，這是必要並且非常有效的。《驅邪禮典》也沒有提到這類的驅魔。沒錯，在教宗良十三世的「驅魔禮」結束時，我們會祈求天主祝福我們誦念這些禱詞的所在，但這些禱文本身是呼求天主保護教會對抗邪靈，並沒有提到那個場所。

我必須先說明，我從來沒有見過像小說或電影中所描述的那種群魔出沒的地方，例如一個古老、荒廢的城堡。那只是為了營造場面與氣氛，沒有任何嚴肅的研究成分在內。在現實生活中，我們常會遇到屋內有怪異聲音的情況，例如地板的嘎吱聲或沉重的腳步聲。常常會覺得自己似乎被一個看不見的人監視著，或是感覺到被人盯梢、觸摸或攻擊。在這些感覺中，恐懼會起很大的作用，把陰影變成真實。

還有許多更複雜的問題。例如，大門及窗戶在某一個時間會自行開啟及闔上；走廊上的腳步聲；東西莫名其妙地被移動或消失，之後又在其他非常不可能的地方重新出現；聽到動物的聲音卻看不到蹤影。

我記得一個案例，有某個家庭，家中的每個成員都聽到前門打開又關起來的聲音，然後很清楚地聽到有人穿過大廳，走到其他房間後才消失的腳步聲。有一天，有位朋友來訪，他也聽到同樣的聲音，就問是誰來了。為了避免嚇到他，家人告訴他，那是一個在這裡借宿的客人。我碰過一些情況，譬如：突然憑空出現了昆蟲、貓、還有蛇。有次我正在為一個人驅魔時，甚至在他的枕頭內發現了一隻活蟾蜍！

受到魔鬼的騷擾會呈現身體不適的癥狀：失眠、頭痛、胃痛，或是只有當身處某個特定的場所時才會有不舒服的感覺，但是在別的地方就不會。當這種情況發生時，去找醫生檢查很容易，卻不容易找到原因。例如，有個人聲稱，每次他到某個親戚或朋友家作客時，他就會感到身體不適，譬如：失眠、頭痛，或其他可能持續好幾天的疼痛，但是當他在其他任何地方時，這些癥狀都不會發生。

要診斷很容易，但要找到問題的癥結卻不容易，因為每個人的成因可能非常不同。如果有理由相信的話，這也可能只是自我暗示的結果——例如，一個媳婦到婆婆家作客，這個婆婆非常反對這門婚姻，或者對她的兒子有非常強烈的佔有欲，導致媳婦每次去作客都會感到身體不適。然而，我們也不能將魔鬼的因素自動排除。

值得一提的是，當這些現象發生時，家中寵物的行為是非常有趣的。例如，如果感覺到屋內有不可見的東西出現時，貓或狗常會定睛在一個特別的地方。有些時候，寵物會跳起來，驚慌地逃跑，好像有個神秘的東西要攻擊它們。如果有人有興趣研究這個話題，我還有很多有趣的細節。這裡我只能說，我相信雖然動物沒有看到任何具體的東西，但他們對於異物的出現，比我們敏銳許多。我不否定家庭寵物的行為可以作為是否要為房屋驅魔的決定因素之一。

為房屋與動物驅魔

最重要的是，在決定進行驅魔之前，要仔細地詢問受到這種現象影響最深的人。最常見的是，這些現象的發生並非由於魔鬼在屋內出沒，而是由於魔鬼附在這個人身上。有很多次，我為一個房子驅魔沒有成效，但當我開始對住在這裡的一個或幾個人驅魔後，這些在屋內出現的異狀就逐漸減少，終至完全消失。

我們如何為房屋驅魔？肯迪度神父和我都用相同的方法。《驅邪禮典》中大約有十段禱文是請求上主保護某個地方免受惡魔的侵擾。這些經文包括祝福家庭、學校，以及其他建築物。我們會誦念這其中的幾段禱文，然後誦念為個人驅魔的經文的第一部分，只是將經文略作修改為針對一個建築物。接下來，我們會為每個房間驅魔，就像平常祝聖房子一樣。之後，我們再做一次，但這一次用祝聖過的香。我們用其他禱文來作為結尾。驅魔之後，在屋內做一臺彌撒是非常有效的。

如果魔鬼騷擾的情況輕微，只要做一次驅魔禮就夠了。如果這個狀況是由詛咒造成的，並且又再次被詛咒，也就必須再次驅魔，直到房屋變成「魔鬼不侵」為止。最糟的情況都是由多重原因造成的。例如，我有次要為一棟公寓驅魔，因為那裡長期地舉行招魂儀式，或有術士施行黑魔法。最不好的是，其中還涉及撒但教的儀式。有的時候，魔鬼騷擾的情況太嚴重，要徹底釋放太過困難，我只得建議他們乾脆離開那裡。

在其他較不嚴重的情況下，只靠祈禱就足以恢復平安。有一個家庭每晚都受到怪異的聲音干擾，但在奉獻了十臺彌撒之後，怪音就完全停止了。難道這是在煉獄中受苦的靈魂得到天主許可而來此要求代禱嗎？這很難說，但它發生了不止一次。

威尼斯地區最著名的驅魔師，也是著名的聖經和音樂學家，派里格勒．艾利提（Pellegrino Ernetti）神父，曾經處理過一些非常嚴重的案件。有一個家庭，不僅緊密關好的大門及窗戶會隨時自行開啟和關閉，椅子也會飛起，大衣櫥會搖擺，還有其他令人難以置信的事件。最後這位驅魔師同時使用了驅魔的標準工具——三樣聖物——才終於成功地完成驅魔。他告訴這家人將驅魔的水、油和鹽混在一個杯子或玻璃瓶裡，每天晚上，將一茶匙的混合物倒在每個窗戶的窗台以及每扇門的門檻上，在做這些事的時候，要同時念〈天主經〉（主禱文）來祈禱。

這個方法有非常明確的效果。過了一段時間後，這家人停止了這個做法。僅僅一個星期後，同樣的怪事又再度開始發生，但是當家人重新開始做驅魔師教導的程序後，怪事就立即停止。

也有人問我，家庭寵物是否也可能被魔鬼附體。有這個可能嗎？有什麼補救的措施？福音告訴我們有個軍旅的魔鬼要求耶穌允許他們進入豬群。耶穌允許了他們，整個豬群就都衝入革辣撒海（加大拉海）。[1]我知道有一個沒有經驗的驅魔師命令一個魔鬼進入農家養的一條豬，這隻豬就野性大發，開始攻擊農夫的妻子。不用說，這隻豬立即被殺了。這是罕見的情況，而且每次都會直接導致動物死亡。

曾有一個術士告訴我，他用他的貓把詛咒過的物品送到目的地。在這裡我必須說，這是主人而不是動物附魔。常有人說，貓是會「吸取靈魂」的動物，因此魔鬼假冒貓的形體，以避免被人發現。有些術士和某些形式的魔法，使用貓是基本的要件。我要澄清一點，這不是這種可愛的家庭寵物的過錯。

動物也可能受到惡魔侵擾，因此也可以為動物做驅魔祝福。這種情形和所有其他情況一樣，驅魔師必須找出魔鬼出現的根本原因。必須要知道原因，才能避免錯誤，雖然我不會在這本書中討論這個問題。

我將會提到，我們在第一世紀的基督徒中就可以找到對房屋、動物和物品的驅魔事蹟。其中一個證據就是早期教會的教父俄利根（Origen）的證言。《天主教教理》很明確地指出，驅魔不僅是對人，也包括對物件（第一六七三條）。

1 瑪竇（馬太）福音8章28－33節。

第八章 詛咒

詛咒的四種形式

我前面已經提過，詛咒可以造成一個無辜的人被魔鬼攻擊。因為這是最常見的情形，所以我必須單獨來討論這個議題。我會盡量使用明確的字眼。因為在這方面沒有通用的名詞，所以每一位作者都必須先定義他自己的名詞。

「詛咒」（curse）是一個通用名詞，它通常被定義為「藉由魔鬼的干預損害他人」。這是一個確切的定義，但由於它不能解釋傷害的原因，從而會造成困惑。例如，有些人認為詛咒是符咒（spell）或巫術（witchcraft）的同義詞。但我認為符咒和巫術是兩種不同類型的詛咒。

當我定義下面這些形式的詛咒時，我只是憑自己的經驗來區分，而不是企圖做一個完整的說明。這些形式的詛咒雖然各自不同，但它們並非毫不相干的；它們彼此之間常有重疊之處：(1)黑魔法，(2)詛咒，(3)惡魔的眼光，(4)符咒。

❶ 黑魔法、巫術、以黑彌撒為極致的撒但儀式

我將這幾項放在同一個標題下討論，因為它們屬於同一類。我按照它們嚴重的程度

來排列。它們的共同特點就是藉由魔法或儀式——有時程序非常複雜——召喚惡魔來詛咒某個特定的對象，但它們不使用特別的物件。任何一個參與從事這些行為的人，都是自甘墮落，成為撒但的奴僕。

在這裡，我討論的重點只在於它們是藉著詛咒作為害人的工具。聖經非常嚴格地禁止這類行為，因為他們是拒絕天主而轉向撒但：「在你中間，不可容許人使自己的兒子或女兒經過火，也不可容許人占卜、算卦、行妖術或魔術；或念咒、問鬼、算命和求問死者；因為凡做這些事的人，都是上主所憎惡的。」[1]或「不可去探詢亡魂，亦不可尋問占卜者，而為他們所玷污：我，上主是你們的天主。」[2]以及「凡召亡魂行巫術或占卜的男女，應一律處死，應用石頭砸死；他們應自負血債。」[3]

〈出谷紀〉（出埃及記）22章18節對此也毫不寬貸：「女巫，你不應讓她活著。」其他文化也對施行黑魔法者處以死刑；即使他們使用的名詞不同，但其含義非常清楚，稍後我會再談論這個主題。

1 申命紀18章10－12節。
2 肋未（利未）紀19章31節。
3 肋未紀20章27節；19章26－31節。

❷ 詛咒

詛咒引來邪惡，所有這些邪惡的根源都是魔鬼。以傷害親密關係為目的而做的惡毒詛咒，尤其是當詛咒者和被詛咒者之間有血緣關係時，更會造成非常可怕的後果。我最常遇見的情況是，父母或祖父母詛咒兒女或孫輩。詛咒兒孫的性命，或是在特別的場合（譬如在婚禮中）發出詛咒，後果將會非常嚴重，因為父母對兒女的權威以及親子關係的緊密，遠超過其他任何人。

我要舉三個典型的詛咒例子。

我曾幫助過一個年輕人，他一出生，就被他的父親詛咒。很顯然他的父親不想要這孩子，一直到他長大離家，都是如此。這位可憐的年輕人，遭遇了所有你可以想像得到的不幸：他的身體非常衰弱，他找不到工作，他的婚姻問題重重，他的兒女也都有各種病痛。驅魔除了撫慰他的精神外，也起不了任何其他作用。

第二個例子是一個年輕女子，她想與她深愛的一位好青年結婚，但是她的父母反對。他們盡了一切努力，仍然無法得到父母的同意，遂決定要不顧一切地舉行婚禮。就在結婚當天，父親找了一個藉口把女兒叫到一邊，用盡所有他能想到的惡毒言語詛咒女兒、女婿，以及他們未來的孩子。雖然他們做了驅魔，並熱心地祈禱，這些詛咒仍然全部發生了。

還有一個例子。有次有一位非常有教養的男子來找我。他先將褲腳捲起來，讓我看他腿上經過多次手術後留下的可怕疤痕，然後對我講述他的故事。他的父親年輕時非常有才華，他的祖母希望他的父親無論如何都要去當神父，但他的父親覺得自己沒有聖召。為了這個問題，家中被攪得雞犬不寧，因此他的父親決定要脫離家庭。他的父親大學畢業後，在職場上一帆風順，也結婚生子。這些美好的事情都是在他的父親與他的祖母決裂後發生的，於是憤怒的祖母拒絕再見到他的父親。

這位男子給我看一張他八歲時他的父親幫他照的相片。照片中的男孩帶著迷人的微笑，穿著當時流行的露膝短褲與長筒襪。他的父親有個很傷感的主意，想把這張相片寄給男孩的祖母，希望她會因為看到這個可愛的孫兒而願意盡釋前嫌，母子重歸於好。然而，她的回音竟是：「希望這個孩子的雙腿災難不斷，而你如果膽敢返鄉，你將會死在你出生的床上。」

事情就這樣發生了。這位男子告訴我，他的父親在他祖母過世後幾年返回家鄉，但他立即感到不適。他被送到他出生時的住處，當晚就過世了。

❸ 惡魔的眼光

這是以注視著某個人來詛咒他。但這不像很多人所想的那樣，以為有些人只要盯著你看，就會造成你的厄運——那是無稽之談。惡魔的目光是真正的詛咒，換句話說，這個目光具有藉著魔鬼來傷害特定對象的力量。在這個例子中，惡毒的行為是由目光的感覺來實行的。雖然我無法確定哪一種詛咒是由惡魔的眼光所造成，也不知道是否只要看一眼就能夠造成傷害，但它的效果是很清楚的。

往往被詛咒陷害的對象並不知情，也不知道這是如何開始的。重要的是，受害者不需要去猜疑他曾經遇過的每一個人，而是要衷心地寬恕造成他中邪的人，無論這人是誰。我要再強調一次，惡魔的眼光是可能的，但我不能確定在我驅魔師的生涯中曾經遇過這種事。

❹ 符咒（也被稱為妖術或魔力）

這是現在所知最常被用來使人中邪的方法。這個名詞的拉丁原文 malefactus 意為「做邪惡的事」，也就是說，用非常多匪夷所思的材料來當作或製造成某項物品。這種物品幾乎都具有象徵性的意義：它是害人意願的有形象徵，並將此獻給撒但，讓他灌注魔鬼的力量。常言道，撒但喜愛模仿天主，在這個例子中，我們可以用聖事來作類比。聖事是以實體的物質（譬如，領洗時要用水）作為賜予恩寵的工具，符咒的物件則是用來當成傷害人的工具。

有兩種不同的方法將符咒施加於被害人。**直接的方法**是將作為符咒的東西混入受害者的食物或飲料中。如前所說，符咒是用非常多匪夷所思的材料製成，可能是女人的經血、死人的骨頭、各種燃燒的灰燼（絕大部分是黑色的）、動物的內臟（似乎最常用的是心臟）、特殊的藥草……等等。但是魔鬼的效力不是在於所使用的物質，而是在於想要藉魔鬼來害人的意圖。在調製符咒時，要一邊混合各種材料，一邊吟唱黑魔法的咒語。種種害人的意圖就在這些咒語中顯示出來。幾乎所有被符咒傷害到的人，除了其他的一些癥狀外，都有胃痛的病癥。驅魔師都很清楚這個現象，在大量的嘔吐或腹瀉之後，這些異物就會被排出體外，患者也就痊癒了。

第二類施放符咒的方式是用**間接的方法**（我引用拉古魯阿神父在他的《釋放的祈禱》書中所用的名詞）。這個方式是以一些替代物來代表被詛咒者，對其施行法術。替代物可能是被詛咒者的所有物（相片、衣服，或其他隨身物件），或是代表被詛咒者形象的玩具娃娃、木偶、動物，甚至是與被詛咒者同年齡及性別的真人。這些被稱為「轉嫁物」的替代對象，也會受到與受害者一樣的打擊。布偶是最常見的例子：在撒但儀式的過程中，會在布偶頭上刺滿整圈的大頭針。結果被害者會感到嚴重的頭痛，而來找驅魔師說：「我的頭痛得像是被針尖亂刺。」也可能用針、釘子或尖刀刺進作為詛咒對象「代理人」的布偶的身體。

通常，被詛咒的人會感到身上的某一部位有難以忍受的痛。有些被稱為有「超感」的人——稍後我會再討論有關這類的事——能夠告訴受害者：「有一支長針從這裡穿過你的頭到那裡。」並能精準地指出穿刺的位置。我看過有些人從被指出的位置排出怪異而且很長的針後，疼痛就立即消除了。針的質料類似塑膠或非常柔軟的木材。通常當患者排出一些非常不尋常的物件，譬如：彩色棉線、絲帶、鐵釘、鐵線圈之後，就得到釋放而痊癒了。

其他的符咒妖術

還有一種以「綑綁」形式施行的符咒妖術值得特別一提。施行這種形式的符咒時，無論是用什麼材料做的魔鬼「轉嫁物」，都必須綁在頭髮上或彩色的布條上（特別是白色、黑色、藍色或紅色的布條，依照想要達成的結果來決定使用何種顏色的布條）。

有一個案例是，有一個人想要攻擊一個孕婦的胎兒，施符咒的人就把一個玩具娃娃從頸部到肚臍的部位都用針縫上馬鬃線，綑綁起來，目的是要讓胎兒變形，使胎兒在綑綁範圍內的器官都異常發展。這事真的發生了，但所幸實際的傷害沒有施符咒的人所期望的嚴重。綑綁是專門用來妨礙某些身體部位的發育，最常被用來阻饒心智的發展。綑綁在腦部會造成受害者不能讀書、工作或表現出正常的行為。如果這個符咒施行成功，醫生也無法確定疾病的根源及如何治療。

在枕頭和床墊中出現怪異物體，是被人施放符咒的常見證據。如果要我講述我所見過的怪異、令人難以置信的事情，我可以幾天幾夜講個不停。我發現過各種各樣的東西，包括：綁在一起的彩色絲帶、紮得很緊的頭髮、以超人般的力量將打了很多結的繩子和毛線編織成厚厚的頭冠、呈現幾何或動物形狀（特別是小老鼠形狀）的物體，還有血塊。我見過大塊的木頭或鐵塊、雙股絞起的電線，以及滿身有刺透和劃傷的玩具娃娃，也看過突然冒出來，用兒童或女人的頭髮編出來的大辮子。

所有這些事情，除非是有一隻看不見的手介入，沒有其他可以解釋的原因。有時，在剛打開枕頭或床墊時，沒有看見這些奇怪的物體，但是在灑過驅魔聖水或者在上面放一個聖像——特別是十字架苦像或聖母的圖像——之後，這些非常奇怪的物體就呈現出來。我將在後面幾頁再回頭來討論這個主題。

我想現在是時候，再重複一下拉古魯阿神父在他的《釋放的祈禱》書中所提出的勸告：「即使我寫的都是我親身的經驗，我們不能太輕易地認定我們遇見的是被詛咒的情況，尤其是使用符咒妖術的情況。」畢竟，符咒妖術是很少見的。當驅魔師在分析患者描述的癥狀時，常會發現其中存有某些心理因素，例如自我暗示和無來由的恐懼。

詛咒也常由於許多原因而無法成功，例如，因為天主不允許這個邪惡情況發生，或是被鎖定的受害者是位虔誠祈禱、與天主結合的人。此外，也可能是因為許多術士經驗不足或沒有能力完成想施行的妖術，有些人只是騙子，或是因為魔鬼愚弄了他自己的僕人，就像福音所指責的一樣，他「從起初就是說謊者」。如果我們因為害怕會成為符咒的受害者，而生活在恐懼中，那將是一個最嚴重的錯誤。聖經從來沒有告訴我們要懼怕魔鬼，反倒是教導我們要堅定地對抗魔鬼，魔鬼就必會逃避我們，並應以堅固的信心抵抗他的攻擊。[4]

我們有來自基督的恩寵，他以十字架戰勝了撒但；我們有聖母瑪利亞為我們代禱，她自人類初始就是撒但的敵人；我們也有眾天使及聖徒的幫助。最重要的是，在我們領受洗禮時，就有了天主聖三的印記，只要我們生活在天主之內，那麼當我們在場時，害怕顫慄的應是撒但及地獄的魔鬼——除非我們自己打開通往魔鬼的大門。

因為詛咒是惡魔侵擾最常見的形式，我願以自己的經驗提供一些其他感想。

詛咒會因其想要達成的目標不同，而有不同的癥狀。例如，企圖要使夫婦、情侶、朋友分散的詛咒，我們可以稱之為「分裂」。我處理過很多本來相愛訂婚的戀人，卻沒有任何明顯的原因就分手，再也沒有復合。我後來發現，有對情侶的父母其中一方反對他們的婚姻，而請了施行黑魔法的人來破壞他們的婚約。

另一類可以稱之為「迷戀」的詛咒，是用來誘使人「墜入愛河」。我知道一個女孩愛上了她最要好朋友的未婚夫。在費盡心機仍無法讓這男子回應她的示愛後，她轉而求助於巫師。終於，未婚夫妻分手了，男子娶了施放詛咒的女子。不用說，這是一個非常失敗的婚姻：這位丈夫雖然不能離開他的妻子，但他從來也不愛她，而且他總是感覺他是被迫娶她。

另外一些詛咒被稱為「疾病」，因為它鎖定的目標總是生病。所謂的死亡詛咒則被稱為「毀滅」。在這些情況下，被詛咒的對象只要呼求教會的保護就足夠了。換句話說，只

4 分別見：雅各伯（雅各）書4章7節；伯多祿（彼得）前書5章9節。

要這個人開始祈禱，也請別人為他虔誠地祈禱，並尋求驅魔師的協助，就可避免死亡。

我已經追踪了很多這樣的案例。我前面提過，上主常常奇蹟般地，或至少以人類無法解釋的方式干預，以拯救這些人免於致命的危險，特別是自殺的企圖。如果詛咒的力量很強，它幾乎總會（也許我應該說，至少在我知道的那些情況下，它「總會」）包括魔鬼的迫害，甚至附魔。這就是為何必須要驅魔。最可怕的是那些旨在毀滅整個家庭或打擊整個家庭的詛咒。

詛咒的排除

《驅邪禮典》準則第八條提醒我們，不可建議被詛咒的人去向巫師、術士或非教會司鐸的其他人求助，禁止企圖使用任何形式的迷信或其他非法手段來治療。經驗告訴我們，這種警告是必要的。巫師很多，驅魔師則少有。不幸的是，有一些關於驅魔的書籍建議讀者去找巫師協助來對抗詛咒，連患者自己都懷疑這樣會不會使他成為另一個詛咒的目標。即使是一本值得稱讚的好書（特別是來自有經驗的作者）提出這種建議，都是不可原諒的過失。

這個警告非常重要，因為自古以來，人就有求助於巫師、術士、巫醫的傾向。雖然現在的社會、文化和科學都有長足的進步，這種喜歡向邪教司祭求助的習慣，似乎仍與我們的「現代世界」和平共存。社會各階層，即使是教育程度最高的工程師、醫生、教師、政界人士等等，也不例外。

《驅邪禮典》準則第二十條提醒我們，要問魔鬼是什麼造成他的出現，尤其要知道是否由於受害者吃了或喝了什麼。如果是由飲食造成，驅魔師必須教患者嘔吐。如果詛咒是由其他異物造成，驅魔師必須要他指出這異物藏在何處，並把異物找出來燒掉。

這些都是很有用的建議。事實上，如我之前所提過的，如果傳送詛咒的媒介是食物或飲料，我們會看到患者有那種特別的胃痛，這種情況通常是以生理性的方法使患者得到釋放。使用驅魔的水、鹽或油，對這過程會有很大的幫助。某些被詛咒的物體也可能以很神秘的方式被排出體外，正如我已經解釋過的：例如，受害者可能突然感到胃裡像是有塊石頭般地出奇沉重。過了一會兒，他在地上發現了一塊石頭，疼痛就消失了。也可能會發現其他東西——彩色布條、編織的繩索，以及許多其他物件。

所有這些東西都必須灑上祝福過的驅魔聖水（當事人自己也可以做這些事）然後在空曠的地方將這些東西焚燒，並將灰燼撒到流水中。無法燒毀的物品，例如電線，也必須扔進河流或下水道的流水中。千萬不要將這些東西丟進抽水馬桶或水槽中，因為這樣常會造成整個房子水流滿地，或是所有排水管都被堵塞。

會在床墊或枕頭中找到奇怪的物體，常常不是因為質問惡魔而找到，而是經由有神恩或超感的人指出位置——我會再回頭來討論這個主題——然後才去找驅魔師。這時候，必須在床墊或枕頭上灑聖水，然後拿到戶外焚燒，並且按照我前面所說的方法處理灰燼。

在焚燒符咒的物件時，很重要的是**每個人都要祈禱**。小心謹慎總是沒錯，特別是如果這詛咒的事情只是碰巧被發現，或是因為魔鬼顯露了才知道的。在我跟隨肯迪度神父學習時，他告訴我一個他剛出道時所犯的錯誤。

那時，肯迪度神父與另一位苦難會的神父被主教任命為一個女孩驅魔。在質問魔鬼時，他們發現這個女孩被人施了符咒。他們問魔鬼，是什麼形式的符咒，魔鬼告訴他們是一個手掌大的木盒。他們質問魔鬼正確的位置在哪裡，而得知是埋在某棵大樹附近，三碼深的土下。他們立即滿心火熱地帶著鏟子及鋤頭到那裡開始挖掘。

他們找到了魔鬼告訴他們的那個木盒，打開後，在盒裡的一堆廢物中找到了一個猥褻的小人偶。他們在所有東西上灑了酒精，然後仔細地焚燒所有物件，直到這些東西變成了一堆灰燼。但在燒這些物品前，他們忘了祝聖，過程中也忘了祈禱呼求基督寶血的保護。他們不斷地碰觸到這些物品，也沒有立即用聖水洗手。故事的結局是，肯迪度神父因為劇烈的胃痛，臥病床榻三個月；後來這些疼痛雖然減輕了，但仍持續了十年之久，並且此後仍不時地再犯。這是一個很沉重的教訓，但對我及其他可能會遇到同樣狀況的人，是非常有益的一課。

我也問過肯迪度神父，經過了這麼多的痛苦和艱難，那個年輕女子被釋放了嗎？答案是否定的。她覺得情況完全沒有改善。這教導了我們，有時侯，當符咒一施放，所有傷害就立即造成，即使後來找到符咒的物件並燒毀它們，也無濟於事。我處理過幾個類似的案件，從施放符咒到找到被詛咒的物件，中間相隔了好幾年。符咒已經完成了所有的邪惡工作，因此找到並燒毀符咒的物件也毫無用處。在這之後，只有驅魔、祈禱以及領受聖事才會有幫助。

在其他情況下，焚燒符咒的物件會阻止某些妖術的作用，例如所謂「腐爛到死」的符咒。有次當我在調查一個符咒事件時，我發現有一些被詛咒過的肉被埋在土裡。所幸這些肉被發現時尚未腐爛，還來得及銷毀，因此被詛咒的人倖免於死亡。有時他們會活埋動物，特別是蟾蜍，但因為動物的四周會有一些空隙，讓牠們得以呼吸一段時間。如果這些動物在死亡之前被人發現，符咒就失效了。然而，對抗符咒的主要工具是驅魔、祈禱、聖事，以及聖儀。

求助於巫術的結果

即使有時我們會覺得天主的方法緩不濟急，但我們仍須呼求天主，用祂的方式來使我們得到釋放，而不能求助於巫師或魔法。這點非常重要，所以我必須一再強調。天主給予我們祂名號的權能與祈禱的力量——包括個人以及在團體中的祈禱，與教會代禱的力量。向巫師求助只會使惡魔侵擾的情況更加惡化，因為巫師以「白魔法」的偽名來掩蓋他的行動，實際上他是召請撒但的援助，就像有些人以一個詛咒來消除另一個詛咒。福音記載，有一個魔鬼由人身上出去以後，又帶了七個比他更惡的魔鬼回來住進去。[5]

如果我們求助於巫術，就會有這種後果。下面我講三個典型的例子。

第一個例子：有一個人感覺到身體疼痛。雖然他遍訪良醫，尋求靈藥，但疼痛不減反增，也找不出原因。絕望之際，他求助於巫師或以塔羅牌占卜的術士。他被告知：「你被人施了符咒。如果你願意，我可以幫你解除它。我只收你一千元的費用。」這位患者略作思考後，就付了錢。有時候他會被要求給一張照片、一件貼身衣服，或一綹頭髮。

幾天之後，這人感覺恢復健康了，而認為這錢花的真是值得。如此，魔鬼離開了。但是一年後，同樣的病痛又開始復發了。這位可憐的受害者又開始他熟悉的四處訪醫的過程，但是藥物對他越來越沒有効力，而且疼痛急劇地惡化。當這位受害者實在忍受不了時，他心想：「那個巫師收了我一千元，但他把我的痛苦消除了。」這時候，他又回去找巫師了，但他不知道，其實是這巫師造成他遭到更多的病痛。

這一次他被告知：「你這次被施放的符咒比前一個更強。只要五千元，我就能把它消除。但對其他人，我可要收兩倍的費用喔。」因此，這位受害者又重新開始了一個惡性循環。如果他最後終於決定向驅魔師求助，他不僅必須從最初那個魔鬼的侵擾下釋放出來，還必須從這巫師引來的另一個更大的魔鬼侵擾下解放出來。

第二個例子也是同樣的。病人花了大筆錢，巫師幫他治好了，並且沒有復發。然而，他的病轉移到他的妻子、兒女、父母和兄弟姐妹。這個情形，仍然招來了加倍的魔鬼。魔鬼可能以各種不同的形式侵擾，例如：執拗的無神論、罪惡的生活、接連的車禍、不幸之事、憂鬱症等等。

5 瑪竇福音12章43－45節。

第三個例子與前面兩個一樣：病人痊癒了，而且沒有復發。然而，這原是天主允許魔鬼讓這事情發生，讓這位受害者所犯的罪能夠以此補償，並因而開始充滿祈禱與聖事的新生活。這個病痛的目的是為了讓他獲得靈魂救贖的果實。但若是經由魔鬼的介入而得到痊癒，天主原想藉著病痛使患者回歸的計畫就無法達成。

我們必須清楚地認知，天主允許我們受到試煉，是為了我們自身的好處。祂允許苦難的十字架，只因為十字架導引我們朝向天國。這是顯而易見的事實，舉例來說，有特殊神恩的人也會受到許多痛苦的打擊，在這種情形下，我們不能祈求癒合。就像畢奧神父承受了像耶穌一樣的聖五傷的痛苦[6]長達半個世紀，但沒有一個人會愚昧地要求天主消除他的聖傷；因為很明顯的，天主要藉此帶給他偉大的靈性成果。魔鬼是狡猾的，如果有機會，他會非常樂意將基督受難的記號從畢奧神父的身體上消除。反過來說，若是由魔鬼造成的五傷，只會導向虛假的奇蹟，我們就需要祈求天主的療癒。

6 編注：畢奧神父身負基督聖傷，他的手、腳與肋旁，會不斷流血且疼痛異常。許多醫生試圖治療他，但幾十年來傷口始終沒有癒合，疼痛也未曾減輕。請見《聖五傷畢奧神父傳》（啟示出版）。

第九章

再論巫術

巫術的話題涵蓋非常廣泛，關於這個議題的書籍也是汗牛充棟。人類有史以來，所有文明都有巫術的施行。直到今日，仍有許多人身陷其中。

許多神父低估了巫術的危險，雖然他們確信救主耶穌將我們從撒但的權勢下釋放出來，但他們忘了，救主從沒有告訴我們可以小覷魔鬼的力量，也從沒告訴我們要輕忽魔鬼或不與魔鬼戰鬥。相反地，天主給予我們驅逐魔鬼的力量，並提到我們與魔鬼之間將有無止境的戰鬥。耶穌自己經歷過撒但誘惑的考驗，他向我們明白地顯示，我們「不能事奉兩個主人」。[1]

舊約及新約聖經警告我們要提防巫術及邪法的次數之多，令人驚訝。聖經警告我們，巫術是魔鬼最常使用的方法，將人歸於他的權勢之下，並使人泯滅人性。所有巫術都直接或間接地屬於崇拜撒但的邪教。無論施行何種魔法的人，都自認為可以掌控超人的力量，殊不知其實他們才是被操縱的那一個。

巫師相信他們自己掌握了善與惡。靈媒及施行招魂術的人召來強而有力的邪靈或死者的亡魂，卻不知他們已將自己的身體與靈魂交付在魔鬼的權勢下了。即使剛開始時不是很明顯，但這些邪靈總是利用他的嘍囉來達到破壞的目的。一個人遠離了天主，將是貧乏而且悲哀的；他無法了解生命的意義，更遑論了解困苦、磨難與死亡的意義。他渴望世俗誘惑的快樂：財富、權力、健康、愛情、享樂、名聲。這一切似乎是魔鬼在說：「你若是朝拜我，這一切都是你的。」[2]

因此，我們看到每一個人——年輕或年老、婦女、勞工、專業人士、政治家、演員……等等——都在尋尋覓覓關於他們未來的「真相」。這一類人將會找到的，總是另一類人：巫師、預言家、星象家、占卜者、生命能量（般那）治療師，以及各種算命者。這些人求助於巫術的原因不外：機緣巧合、抱著希望、病急亂求醫，或只是想試試看。有些人成為受害者，有些人無法掙脫，還有些人加入了隱密封閉的邪教派。

這背後的原因是什麼？無知者認為這只是迷信、好奇、虛構、詐欺，事實上，這關係著大量的金錢利益。就實質而言，魔法不僅僅是一個沒有根據的愚妄迷信，也是訴諸魔鬼的力量來影響事件發展或操縱他人以謀取個人利益。

這種變質的宗教形式，在原始民族中就已普遍存在，而且歷久不衰，現在仍在世界各地繼續與許多宗教並存。雖然它有許多不同的形式，但其結果皆是：使人遠離天主，導致人犯罪以及靈性的死亡。

1 瑪竇福音 6 章 24 節。
2 路加福音 4 章 6－7 節。

魔法的形式

有兩種形式的魔法：摹形與感染。**摹形的魔法**是基於形體和實際相似的概念——它根據的原則是所有東西都會造成某種與其類似的東西。用一個人偶代表要施行法術的對象，在用針戳刺人偶的時候，同時誦念適當的「禮儀經文」，然後受害者也會感到被戳刺，並且在與人偶被刺的相對應部位，也開始感到疼痛或不適。

感染性魔法的施行是基於身體接觸或感染。巫師想要加害一個人時，必須先要拿到這個人的一些東西，譬如：頭髮、指甲、衣服……等等。一張照片也可以，但最好是全身照，臉部必須沒有任何遮蓋。在這種形式的魔法中，部分就代表整體。換句話說，對身體一個部位所做的，會影響到整個人。因此，巫師會在一年中某個特定的日子與特定的時間，施行適當的儀式或法術，藉著他所召來的鬼魂來達成邪惡的成果。當我們在討論符咒時，已經談論過這個，但巫術所涉及的範圍遠比簡單的符咒更廣，比惡魔的眼光更大。

在一個黑魔法的新成員入會儀式中，身著綠披肩的女巫宣布，在禮儀進行時，新人將會站在一面鏡子前面，撒但將要經由這個鏡子親自賦予他「權力」，並將他要使用的武器交在他手中。基督徒對抗「咆哮的獅子」[3]的武器是真理、正義、信德，以及天主聖言這把雙刃劍[4]。然而，巫師有的是一把真正傷人的劍。巫師可能擁有毀滅、詛咒、預言、治病等等力量，但要看他想要做什麼來阻礙天主的計畫，以及他能給撒但什麼來交換這些力量。

除了他自己能擁有這些力量外，他也可以將這些力量給他的孩子，或是向他求助、懵懂無知的人。巫術的受害者至少都會有一種共同的徵狀，就是對所有神聖的事物，譬如：祈禱、教堂、聖像……等等，都感到極為厭惡。而他的生活將會充滿各種無法預知是何種形式的邪惡。

一旦向撒但奉獻了「祭牲」，一旦按照巫師所要求的去做，無論給他的是多麼微不足道的物品，就連聘請巫師的人都會受到影響。巫師所建議的祭典儀式，譬如：參訪七所教堂，以某種特別的方式來點燃蠟燭，撒一些特殊的粉末，或是穿戴巫師所指定的物品，都是造成這些影響的媒介。經由這些儀式，受害者多多少少都會受到惡魔某種程度的控制，從而對身體及靈魂帶來不良的後果。

3 伯多祿前書 5 章 8 節。
4 希伯來書 4 章 12 節。

常常有母親帶孩子去見巫師，巫師就給孩子們一些穿戴的東西，當問題開始發生後，有些人會來找我幫忙。在沒有經驗的人眼中，這些物品只是無用之物，但是這些物品所造成的邪惡後果，證實它們是真正的詛咒。如果我們冒然地進入與我們敵對的魔鬼的領域中，即使我們是「真誠善意」地行事，仍會墜入他的掌握中，只有天主強力的手才能使我們掙脫自己投入的羅網。

所謂的儀式魔法（high magic，亦稱高等魔法）的方式可以分為聖化、祭獻、祝福、除權、開革，以及詛咒。所有這些做法的目的，是要將物件及個人變成「神聖的符號」——也就是將其獻祭給撒但的意思。若是占星術魔法的物品，魔法的用具會在某個特定的時間被「魔化」。每個巫師都會戴著所謂的五角星，也會為其他人準備。五角星這個名詞源於希臘文的 *panta-klea*，通常被做成徽章，象徵「能量催化」。根據巫師的說法，這些符號具有特別的神聖力量。

我們絕不能將它們與護身符混為一談。護身符代表了受到保護的這個人的某些特質，而那些自認遭受厄運、被人誤解、缺乏愛，或是貧困絕望的不幸顧客，特別容易被這樣的東西吸引。不管要價多少，有時甚至高得離譜，他們也樂於付出錢財，因為他們希望能藉著這些「幸運符」消災解厄。然而，這些人為自己招來的負面能量是如此之大，不僅傷害到他們自己，也會傷害到他們的整個家庭。另外，在準備這些物品時，會使用大量的香，就如同在所有巫術的魔法活動中一樣。這香是奉獻給撒但的，很顯然是為了要對應我們在禮儀中向天主獻的香。

其他形式的魔法教導巫師如何調製魔藥和其他秘方，用以加在食物或飲料中，讓人吃了後會產生被魔鬼迫害的感覺。受害者不僅會在體內出現令人噁心的東西，也會受到在調製這些藥劑時所召來的邪靈的影響。惡名昭彰的「春藥」——會迫使人發生可怕的關係（或稱為「束縛」）的一種藥——無非就是撒但力量的展示。

巫毒、占卜與招魂

聖經中第一次提到的魔鬼，是以蛇的形態來誘惑我們的先祖。在神話中，蛇總是與知識的化身有關。在埃及神話中，這條蛇是伊西斯（Isis）女巫。她通曉礦物、植物和動物的奧秘，也精通疾病和療癒之道，因此，她能將歐西里斯（Osiris）已被肢解的身軀拼接起來，並使其復活。這條蛇總是以盤繞起來的形態呈現，口啣自己的蛇尾，象徵永恆不斷的生命。這也讓我們想到印加皇帝的巨蟒，或印度的聖蛇。

在巫毒教中，丹柏哈拉．維多和阿伊達．維多（Danbhalah and Aida Wedo）這條雌雄同體的巨蟒，無論白天、黑夜，任何時候都能給予其追隨者堅定、準確的導引，而能獲得令人驚歎的結果。這條蛇號稱能藉著「魔法的語言」得知造物大神韋波（Creator Verb）的所有秘密，聖樂能增強他們的力量。這種海地的巫術，起源於非洲，後來融合了來自南美（特別是巴西）的魔法，成了所謂的「密穴地母」，具有很大的邪惡力量。在我驅魔生涯中所碰過最棘手的詛咒，都是來自巴西或非洲。

現代文明融合了，但並沒有改變這些習俗。因此，科學與魔法、宗教、古老的習俗在我們這個世界上並存。即使在今天，特別是在義大利的鄉下地方，非常虔誠的人在碰到各種困境時，仍常會轉向求助於巫師，從身體不適到惡魔的眼光，從找工作到找丈夫，都是如此。我這裡說的是那些「常去教堂」的善良人士，就像有些母親會在聖誕夜誠心地教導孩子如何使用言語及手勢來消除惡魔的眼光，或是在兒女的脖子上掛上十字架或聖牌項鍊；但在此同時，也掛上獾毛、狼牙或紅角——這些都是因為迷信的罪過而與撒但發生關聯的物品，即使這些物品並沒有以魔法儀式「加持」來注入負面能量。

魔法總是與占卜預言有關，也就是企圖經由不正當的途徑來得知我們的未來。常見的塔羅牌算命的風俗——以塔羅牌來預測未來——是巫師和算命師最常使用的占卜方式。據信，塔羅牌的起源可以追溯到十三世紀，這是由吉普賽人傳入的。他們將預測未來的能力凝聚在這個卡牌「遊戲」上。這個遊戲的基礎是某種神秘的教義，號稱能夠修復人與神祇世界之間的關係。

我不想將這個話題扯得太遠，只是要指出那些天真的人，他們因為自己的過去被人精確地道出而大感驚訝，但在算完命後，他們總是抱著絕望或是空洞的希望離開。他們往往會開始對自己的家人和朋友心生質疑，卻對那些以紙牌算命的人產生某種耽溺沉迷的心理，長久以後將會形成恐懼、憤怒、不安的感覺。他們會不斷地想要求助於魔法，或購買一些護身符來對抗自己內心的敵人，從而將自己開放給這個敵人，使這敵人得以帶來疾病、災禍等事故。

起源於非洲的魔法，最惡毒之處是它不但使用**巫術**，也同時使用**招魂術**。巫術的目的是要藉著魔法來傷害人，招魂術則是企圖與死者的靈魂或更強的鬼神來往。在每一個地域以及每一個民族中，都有行使招魂術的事情。作為人、鬼之間媒介的靈媒，把自己的能量（聲音、手勢、書寫等）出借給想要揭示自己的鬼魂。可能會發生的情形是，這些鬼魂——他們總是，也只會是魔鬼——將會附身於某些參與招魂儀式的人。教會一向譴責招魂以及參與招魂的人。求助於撒但，絕不會為我們帶來任何益處。

真的不可能喚起死者嗎？招魂的時候永遠只會有魔鬼出現嗎？我們非常了解，信徒心中的疑惑都是由一個例外的事件所造成。聖經告訴我們，當國王撒烏耳（掃羅）轉向靈媒求助，並命令她：「求你用招魂的法術給我占卜，將我向你所指出的人給我招上來。」已經過世了一陣子的先知撒慕爾（撒母耳）真的出現了。雖然天主允許這個例外事件的發生，但我們便應該注意到靈媒吃驚的大叫，撒慕爾則是更加嚴厲的譴責：「為什麼你擾亂我，叫我上來？」[5]死者必須受到尊重，不應再受到騷擾。

我要強調，這只是個特例，因為整部聖經中僅有這一段關於招魂的記載。我完全同意一位基督新教的驅魔師和心理學家在他書中所寫的：「一直企圖緊抓著已經離我們而去的人，或者想要召喚他們再回到我們中間，完全是出於自私之心的殘忍行為。他們需要的是永恆的釋放，而不是再次被這個世界的事物和人所困擾。」[6]

集體附魔

很多人只是因為缺乏信心和無知而被騙。有時只是出於對少數民族文化或民俗的興趣，而愛上某些在巫毒教或密穴地母儀式中使用的舞蹈、吟唱、服飾，以及動物。有些事情看起來好像只是為了好玩或是無傷大雅的迷信，譬如：在街道四角或三邊放上蠟燭，其中一個朝向地面；但現在是我們應該要正視這些問題的時候了。我特別要針對神父們說這些話：這些都是試圖召喚邪靈的舉動，最後也許未必會傷害到任何人，但是他們的終極目的都是要讓受害者遠離天主，以造成他犯罪、苦惱、孤立，和絕望。

有人問我說，魔法是否可能被用來打擊整個團體。我的回答是絕對肯定的。然而，這個議題本身就值得再做一些更深入的探討，因此在這裡我只簡短地指出幾個重點。魔鬼有能力利用一個人來攻擊一個非常大的群體——甚至可以接管這些群體或影響到不只一個國家。以我們所處的這個時代為例，我相信像馬克思、希特勒和史達林之輩所造成的影響，就屬於這類的情況。納粹的殘暴、共產主義的恐怖，以及史達林的屠殺，都已達到了惡魔的程度。撇開政治不論，我還要不客氣地指出，常有一些歌手在人潮擁擠的地方，以煽動性的歌曲來達到極端暴力和破壞的高潮，這是讓音樂成為撒但的工具。

在此之外，有些魔鬼的影響比較容易控制和治癒，但是集體附魔一向都很難以治癒。其中一些案例涉及全班學生、整個社群組織或宗教團體……等等。惡魔能夠迷惑整

5 撒慕爾紀上28章15節。
6 Kenneth McAll, *Fino alle radici*(Ancora), p.141.

個團體，讓他們犯下最惡劣的錯誤，真是令人感到不可思議。有些人堅信，欺騙群眾比欺騙一個人要來得容易。魔鬼固然可以傷害一個非常大的群體，但也很明顯地，幾乎每一次這種事件都是因為有人同意才可能發生，而自願接受撒但的行為是人的罪惡。接受魔鬼的動機有很多，包括：財富、權力、邪惡的意圖等等。

撒但的影響會對團體造成極大、極為嚴重的破壞。這就是歷任教宗（特別是近幾任的教宗）不斷地警惕我們要注意防範的原因——例如教宗保祿六世在一九七二年十一月十五日的講話，以及教宗若望保祿二世在一九八六年八月二十日的演講。

撒但是我們最大的敵人，直到今世的終結。所以他絞盡腦汁，竭盡所能地試圖破壞天主想要拯救所有世人的計畫。我們的力量來自基督的十字架，他的寶血，他的聖傷，以及遵守他的聖言和他的教會的教導。

II 魔鬼與驅魔

Un Esorcista Racconta

第十章

以基督為中心

魔鬼也是天主所造。要談論魔鬼與驅魔的事，就不得不先講述一些關於天主創世計畫的基本事實。我們不是要講論什麼新奇的理論，但也許會提出一些新的觀點。

常常因為我們對於天主的創造抱持著錯誤的觀念，也就順理成章地接受了下述這種對創造之後事情發生順序的錯誤說法。這錯誤的說法相信，某一天，天主創造了天使，然後讓天使們接受一場我們也不確定是什麼內容的考驗。總之，結果就是有了天使與魔鬼之分。天使得到賞賜，住在天堂；魔鬼則受到懲罰，被打入地獄。然後在另外的某一天，天主創造了世界、大地、植物和動物，最後創造了人。在伊甸園中，亞當和厄娃（夏娃）聽信了撒但而背叛了天主，因此他們犯了罪。事情到了這個地步，天主為了要拯救人類，只得決定派遣祂的獨生子來到世間。

這不是聖經的教導，也不是早期教會教父的教導。如果真是這樣，天使以及創造就都與基督的奧蹟毫無關係了。我們只要讀〈若望福音〉（約翰福音）的序言以及〈厄弗所書〉（以弗所書）和〈哥羅森書〉（哥羅西書）這兩封書信的致候辭，就會知道基督是「是一切受造物的首生者」[1]。一切都是藉著他、也是為了他而受造的。任何神學理論若是質疑「假使亞當沒有犯罪，基督是否還會降生？」，這個神學理論就無法立足。基督是創造的中心，所有受造的生靈，包括天上的（天使）和地上的（人），都在基督內找到他們的歸屬。

在另一方面，我們可以肯定的是，因為我們原祖的罪，基督背負了一個特殊的身分降臨於世：他是救世主。逾越奧蹟包含了他所行一切的核心——藉著他在十字架上所流的寶血，他使所有天上的（天使）和地上的（人）都與天主和好。每一個受造生靈的角色，都是基於這個「以基督為中心」的認知。我們也不能對童貞瑪利亞的角色略過不談。如果受造物的首生者是聖言化成血肉，瑪利亞作為基督降生的渠道，也一定比所有其他受造物更先存於天主的計畫中。瑪利亞與天主聖三的特殊關係也由此而生。

我們也必須要論及基督對天使以及魔鬼的影響。關於天使，有些神學家相信，只有靠著十字架的奧蹟，天使才能得見天主的聖容。許多早期教會的教父也做過一些有趣的論述。譬如，聖亞大納削（Saint Athanasius）寫道，天使因為基督的血而得到救贖。在福音中我們看到很多關於魔鬼的記載，都清楚地指出：基督以他的十字架摧毀了撒但的統治，從而建立了天主的國。那些附在加達辣（加大拉）人身上的惡魔喊說：「天主子，我們與你有什麼相干？時期還沒有到，你就來這裡苦害我們嗎？」[2]這很明顯地反映出

1 哥羅森書1章15節。
2 默示錄12章10節。

一個事實，撒但的力量已逐漸被基督破除。因此，撒但的力量仍然存在，並且會繼續存留到我們的救贖完成的時刻，「因為那控告我們弟兄的控告者，已被摔下去了。」[3]

天主的計畫

如果我們以基督為中心來看這一切，就可以看到天主的計畫，祂創造了萬物是「為了他和準備他的到來」。我們也可以看出撒但——這個敵對者、誘惑者、也是指控者——的所作所為。因為他的誘惑，邪惡、痛苦、罪和死亡進入了世界。在這個視野下，我們能夠看到基督如何以他的血為代價，完成了天主最初的計畫。

在這個視野下，我們認識了魔鬼的力量。耶穌稱他為「世界的首領」[4]，若望（約翰）明言「全世界都處在那邪惡者的轄制下」[5]。在這裡「世界」一詞，若望指的是一切與天主相反的事物。撒但原是最聰明的一位天使，卻變成了最邪惡的魔王。魔鬼仍然受制於嚴格的等級制度，如同他們還是天使時所領受的一樣：秩品、座次、權限……等等。然而，以彌額爾（米迦勒）為首的天使們，他們的等級是愛的約束，邪靈卻是活在奴役的統治下。

我們也認識到基督的行動，他粉碎了撒但的統治，並建立了天主的國度。這就是為何那些耶穌治好附魔者的故事具有特別重要的意義。當伯多祿（彼得）向科爾乃略（哥尼流）宣講基督時，他沒有提到耶穌所行的任何奇蹟，除了他「治癒治好一切受魔鬼壓制的人」[6]的事實。我們也能由此明瞭，為何耶穌授給他的宗徒的第一項權柄是制伏魔鬼的力量。所有信徒也都可以這樣說：「信的人必有這些奇蹟隨著他們：因我的名驅遂魔鬼。」[7]因此，耶穌修補並重建了被一些背叛的天使以及我們的先祖所破壞的神聖計畫。

我們必須在這裡非常清楚地指出：邪惡、痛苦、死亡和地獄（亦即承受無盡痛苦的永遠死亡）並非天主所為。我願在這一點上再多加說明。有一次，肯迪度神父在驅魔將要結束時，他對著魔鬼諷刺地說：「滾出去！上主已經為你準備好了一個既高級又溫暖的住處！」魔鬼針鋒相對地回說：「你懂什麼！地獄不是他（天主）造的，是我們造的。他連想都沒想過！」在另一個類似的場合中，我質問一個魔鬼，他是否也曾參與建造地

3 默示錄12章10節。
4 若望福音12章31節；14章30節；16章11節。
5 若望一書5章19節。
6 宗徒大事錄（使徒行傳）10章38節。
7 馬爾谷福音16章17節。

獄，我得到的答案是：「我們大家通力合作。」

為了理解天主的計畫和世界的終極，必須先明瞭天主的創造計畫以及經由救贖的復興都是以基督為中心。天使和人都獲得了智慧和自由的本質。常有些把天主的旨意與宿命論混淆的人會對我說，天主已經知道誰將得救、誰將被詛咒，因此無論我們做什麼也都沒什麼差別。我通常會以聖經教導我們的四個真理來回答他們：天主希望每個人都得救；沒有人命中注定要入地獄；耶穌為所有人而死；每個人都有足夠得救的恩寵。

以基督為中心讓我們曉得，我們只能以他的名得救。唯有因他的名，我們可以戰勝救恩的敵人——撒但，將自己從撒但的權勢下釋放出來。每次我碰到最困難的驅魔狀況，在最後階段要面對著被惡魔全盤附身的人時，我就以保祿宗徒的書信中對基督的讚美詩[8]來祈禱。當我念到「致使上天、地上和地下的一切，一聽到耶穌的名字，無不屈膝叩拜」時，我跪下，在場的每一個人也都跪下，毫無例外地，那個被魔鬼附身的人也總是被迫跪下。這是一個令人感動而震撼的時刻。我總感覺到，所有天使軍旅也都圍繞著我們，因耶穌之名而屈膝叩拜。

8 斐理伯（腓立比）書2章6－11節。

第十一章

撒但的力量

本書因受到我自己選擇的主題限制，無法對其他一些非常有趣的神學問題多加討論，但在某些與驅魔結果有關的話題上，我仍會加以說明。像肯迪度神父這樣具有紮實的神學與聖經基礎，並與魔鬼交手三十六年的驅魔師，非常有資格評論那些過去被神學家以「我們不知道」就輕描淡寫地帶過的議題：例如，叛逆天使的罪。天主創造的萬物都依循一個和諧的設計，因此，最小的原子會影響到所有物體，每一個影子都在所有東西上投射了一些黑暗。一個沒有注意到天使世界的神學不能算是完成，也稱不上完備；而漠視撒但的神學也是殘缺不全的，也將永遠無法了解救恩的浩瀚。

我們現在要繼續討論基督，他是宇宙的中心。天上（天使）及地上（有形的世界，首先是人）的萬物皆因他而受造，一切都是為了準備他的降臨。如果除了基督，我們不需提到其他事物，那當然最好，但這不符合他的教導及所行的事，我們也將永遠無法了解他。聖經不但告訴我們天主的國度，也告訴我們撒但的國度。聖經不但告訴我們造物主與宇宙的主宰、天主的權能，也告訴我們黑暗的勢力。聖經論及天主的子女，也論及撒但的子女。如果我們無視撒但的破壞行動，就不可能了解基督的救贖行動。

撒但是天主創造的生靈中最完美的。天主賦予他的職權與地位超越其他天使，也被所有天使承認，因此他認為他對天主創造的一切都具有這樣的權威，可以凌駕在萬物之上。撒但曾試著去了解所有受造物的計畫，但他無法做到，因為所有創造的計畫都是朝向基督。在基督來到人間之前，天主的計畫不會完全揭示。因此，撒但反叛了。他想要繼續當絕對的第一、做創造的中心，即使這樣會與天主的設計牴觸也在所不惜。

這就是為何撒但不斷地想要掌控世界。[1]從我們的原祖開始，撒但就想要奴役人，使他們服從他，而不服從天主。他的伎倆在我們的原祖身上得逞後，他還希望藉著「天上三分之一的天使」繼續對所有人重施故技。按聖經〈默示錄〉記載，這些天使跟隨撒但，背叛了天主。

天主從不捨棄祂的創造物。因此，雖然撒但和他的天使們背離了天主，他們仍保有原來的權力與地位（寶座、管轄權、職位、力量……等等），甚至當他們使用這些權能為惡時，也沒有失去。聖奧思定說，如果天主准許撒但放手去幹，「將沒有一人可以存活」——這話絲毫沒有誇張。因為撒但不能殺死我們，他就企圖「使我們跟隨他，對抗天主，如同他對天主的悖逆」。

救恩的真理就是：耶穌來「是為消滅魔鬼的作為」[2]，使人脫離撒但的奴役，並在摧

1 若望一書5章19節：「全世界卻屈服於惡者。」
2 若望一書3章8節。

毀撒但的統治之後建立起天主的國。然而，從基督第一次降臨人世，到基督光榮再臨審判萬民之間的這一段時間，魔鬼會使盡一切手段，試圖誘使更多的人投靠他那邊。在這場戰役中，撒但知道自己這個敗軍之將只有很短的時間可以做決死一搏，因此，保祿坦白地告訴我們：「我們戰鬥不是對抗血和肉，而是對抗率領者，對抗掌權者，對抗這黑暗世界的霸主，對抗天界裡邪惡的鬼神。」3

延續至末日的鬥爭

聖經告訴我們天使和魔鬼（我要特別指出撒但）是屬靈的受造物，但他們也是具有智慧、意志、自由和主動性的個體。有些現代神學家將撒但僅視為代表邪惡的抽象概念，那是完全錯誤的。他們的理論真可以被稱為異端：也就是說，這種理論與聖經、早期教會教父和教會的訓導公然對立。過去，從來沒有人懷疑過「撒但真實存在」，因此，除了在第四次拉特朗大公會議的宣言中對魔鬼有以下說明之外，沒有任何教條對此下過定義：「魔鬼（即撒但）和其他魔鬼是天主所造，但他們是由於自己的錯誤而變成魔鬼。」否認撒但的存在，就是否認罪的存在，當然也會因此無法理解基督的作為。

讓我們釐清這點：耶穌以他的犧牲戰勝了撒但。然而在他死前，耶穌就已經以他的教訓戰勝了撒但：「如果我是仗賴天主的手指驅魔，那麼，天主的國已來到你們中間了。」[4]耶穌是最強的戰士，他綑綁了撒但，剝奪了他的權力，搶劫了他的王國，使其不能存立，終將滅忙。耶穌將驅逐魔鬼的權柄賜給他的宗徒，後來也將這能力給了七十二位門徒，最後他將這權柄許給所有相信他的人。

〈宗徒大事錄〉告訴我們，聖神降臨後，宗徒們繼續為人驅魔，後來所有基督徒也像他們一樣如此做。教會最早期的教父，例如：儒斯定（Justin）和依勒內（Irenaeus），清楚地表達了基督徒關於魔鬼的思想，以及驅逐魔鬼的力量。其他教父，特別是特士良（Tertullian）和奧利振（Origen）也都表同意。這四位教父的著作就足以駁斥許多不知為了何種目的，不相信魔鬼或完全忽視魔鬼的現代神學家。

梵蒂岡第二屆大公會議強力地提醒我們教會對此持久不變的教導：「人類整個歷史充斥著反黑暗勢力的鬥爭。這鬥爭由世界肇建伊始，將延續至末日。」、「天主雖造人於義德內，但因惡魔的誘惑，由於有史之初，人便企圖在天主以外，達成其宗旨，而濫用

3 厄弗所書6章12節。
4 路加福音11章20節。

其自由，反抗天主，既認識天主而不把他當天主來光榮，故某些愚蠢的心靈反而為黑暗所蒙蔽，不事奉天主而事奉受造物」、「他遂決定了派遣自己的聖子取人性，要藉聖子把人類從黑暗和魔鬼的權下解放出來。」[5]

那些否認撒但存在及撒但許多作為的人，怎能理解基督所完成的事呢？他們怎能理解基督為救贖而死的價值？梵蒂岡第二屆大公會議基於聖神而確認：「（基督）以其死亡與復活，從撒殫權下把我們解救出來。」、「（世界）卻為戰勝惡魔的基督，以其苦架及復活所救贖。」[6]撒但被基督打敗後，遂與基督的追隨著爭戰。在這段時間裡，每個人都處於戰鬥的戒備中，因為塵世的生命是對天主信實的試探。所以「我們努力在各種事情上中悅天主，用天主的武器裝備自己，好能對抗魔鬼的陰謀，在邪惡的日子屹立不倒……實際上，在我們和光榮的基督一起凱旋之前，我們都要出現『於基督的法庭，按照生前所作的善或惡，領取相當的報應』。」[7]

即使這場與撒但的鬥爭涉及所有的人以及所有的世代，但毫無疑問的，在歷史的時代中，當社會的罪性越加明顯時，就會感到撒但的力量越加強烈。例如，當我們看到羅馬帝國的腐敗時，就可以看到歷史上那個時代的道德瓦解。現在我們處於同樣腐敗的水平，部分原因是由於濫用大眾媒體（媒體本身並不是邪惡），部分原因是由於西方的消費主義和物質主義，這些主義毒化了我們的社會。

教宗良十三世（Pope Leo XIII）曾在一次神視（異象）中，看到一個關於惡魔攻擊我們時代的預警。本章的附錄資料中收錄關於這次神視的詳細敘述。

魔鬼如何反對天主

魔鬼如何反對天主和我們的救主？他聲稱自己應受到原該歸於上主的敬拜，並模仿基督徒的崇拜制度。因此，他是反基督和反教會的。撒但利用人們對「性」的偶像崇拜，使人的身體成為罪的工具，對抗化成肉身來救贖他人的基督。

撒但利用他的教會、他的祭儀、他的信徒（通常經過歃血為盟的儀式）、他的崇拜者、相信他的應許的追隨者，來模仿對天主的敬拜。正如基督賦予他的宗徒和他們的追隨者某些特別的力量。撒但也給予他的追隨者某些特別的力量；但是，基督所賦予的力

5 分別見：《論教會在現代世界》牧職憲章（Gaudium etSpes）第37條、第13條，以及《教會傳教工作法令》（Ad Gentes）第3條。

6 禮儀憲章（Sacrosanctum Concilium）第6條；牧職憲章第2條。

7 牧職憲章第37條、教會教義憲章（Lumen Gentium）第48條。

量是為了他們身體及靈魂的益處，撒但所賦予的力量卻是為了毀滅身體和靈魂。前面在解釋巫術時，我們就討論過這些特別的力量。

談到撒但這個話題，我要再提另外一件事。正如很多人誤以為撒但不存在，也有很多人誤以為還有很多聖經中沒有提到的精神體。這些是相信招魂的人、神秘主義者，相信輪迴的人，或是那些相信有「孤魂野鬼」的人想像出來的。

除了天使以外，沒有善靈；除了魔鬼之外，也沒有其他的惡靈。兩次大公會議（里昂及佛羅倫斯）都告訴我們，亡者的靈魂會立即到天堂、地獄或煉獄。在招魂時出現的，或是附在活人身上折磨人的亡魂，都只是魔鬼，不是其他鬼魂。只有非常罕見、例外的案例，天主允許亡者的靈魂回到塵世，但我們必須承認，對這個議題我們仍然所知不多。拉古魯阿神父曾試圖解釋一些他自己見過的亡魂被魔鬼控制的經驗，但我必須重申，這是一個需要進一步研究的問題，我將在另一本書中討論。

有些人驚歎魔鬼的力量之大，因為他們能以附身或迫害的方式來誘惑人，甚至佔據人的身體（但是他們永遠無法佔有人的靈魂，除非人自願把靈魂交出）。但我們應該記住〈默示錄〉12章所寫的：「以後，天上就發生了戰爭：彌額爾和他的天使一同與那龍交戰，那龍也和他的使者一起應戰，但他們敵不住，在天上遂再也沒有他們的地方了。於是那大龍被摔了下來，他就是那遠古的蛇，號稱魔鬼或撒殫的。那欺騙了全世界的，被摔到地上，他的使者也同他一起被摔了下來……那條龍一看見自己被摔到地上，就去追趕那生了男嬰的女人。」那女人「身披太陽」，所生的男嬰就是耶穌（很明顯的，這位女人指的是真福童貞瑪利亞）。當龍發現自己追不到時，「遂去與她其餘的後裔，即那些遵行天主的誡命，且為耶穌作證的人交戰」。

公元一九八七年五月二十四日，教宗若望保祿二世訪問總領天使彌額爾聖堂時說：「與魔鬼戰鬥是總領天使彌額爾的主要任務，今天，這個戰鬥仍在進行，因為魔鬼仍然活躍、存活在世上。今天包圍著我們的邪惡，困擾社會的混亂，以及人的不合與分裂，都不只是原罪帶來的後果，也是因為撒但無所不在的惡行所造成。」

在誘惑了亞當與夏娃之後，天主對蛇說：「因你做了這事……你要用肚子爬行，畢生日日吃土。我要把仇恨放在你和女人，你的後裔和她的後裔之間，她的後裔要踏碎你的頭顱，你要傷害他的腳跟。」[8] 這段話很明顯就是指天主對蛇的譴責。撒但已經在地獄了嗎？天使與魔鬼之間的戰爭何時發生的？我們無法回答這些問題，除非我們記住地獄比較像是一種心理狀態而不是一個地方。地方與時間對精神體而言，是不同的概念。

8 創世紀3章14－15節。

〈默示錄〉告訴我們，魔鬼被摔到地上，因此，他們的最終詛咒尚未發生（雖然這個詛咒不會撤銷）。這意味著他們仍然具有天主賦予他們的能力，但是只是「短暫的時間」。這就是為什麼他們會問耶穌：「時期還沒有到，你就來這裡苦害我們嗎？」當耶穌為被附魔的革辣撒人驅魔時，那人身上的魔鬼懇求基督，不要命令他們到深淵中去——他們只是想要保住他們的力量。[9]

為魔鬼而言，離開一個人的身體、墜回地獄，是一個不可挽回的死刑判決；這就是為什麼魔鬼要抗爭到底。然而，他將要永遠承受的痛苦，與他在世界上所造成的苦難，成正比地增加。這就是為何聖伯多祿告訴我們，魔鬼還沒有受到最後的判決：「天主既然沒有寬免犯罪的天使，把他們投入了地獄，囚在幽暗的深坑，拘留到審判之時。」[10] 天使的榮耀也會因他們的善行而增加。因此，請求他們的幫助是非常有效的。

魔鬼的特殊伎倆

「魔鬼對我們的生活會造成什麼樣的傷害？」坊間有些關於這個問題的書，但這些書使用的名詞不一致。這裡我先試著定義在本書中我要使用的名詞。

常見伎倆：最常見的魔鬼伎倆就是「誘惑」，而且是直接針對所有人。當耶穌允許撒但誘惑他時，他接受了我們人類的狀況。在這本書中我不討論這個常見的魔鬼伎倆，因為這本書的目的是要突顯撒但的**特殊伎倆**，這只有在天主允許的情況下才會發生。

這第二個類別，是以六種不同的形式進行：

撒但造成外在肉體的痛苦：我們從很多聖人的生活中看到這種形式：聖十字保祿（Saint Paul of the Cross）、聖若翰．衛雅司鐸（the Cure of Ars）、聖五傷畢奧神父（Padre Pio）以及許多其他聖人，都曾被魔鬼毆打、鞭撻，以及痛擊。這種外在肉體的迫害不會影響靈魂，因此這種類型的魔鬼行為從來都不需要驅魔，只需要祈禱。在這裡，我只討論對驅魔師有直接影響的其他類型的魔鬼行動。

魔鬼附身（附魔）：這種情況發生在撒但完全佔據了一個人的身體（但不是靈魂）的時候。撒但藉著這個人的身體說話行事，但附魔的人不知情也不同意，因此受害者並沒有道德上的缺失。這種類型的魔鬼侵害最嚴重，但因為附魔的景象十分驚悚，吸引了很多電影製片人的興趣，電影「大法師」就是其中一個例子。

9 瑪竇福音 8 章 29 節、31－32 節。
10 伯多祿後書 2 章 4 節。

根據教會的《驅邪禮典》所述，一些魔鬼附身的跡象包括：語無倫次或說別人聽不懂的語言，顯示超過他年齡和體能的力氣，能說出一些別人不知道的事。要列出一套附魔的固定「模式」是不可能的事。這類魔鬼的困擾，有各種不同的癥狀及嚴重的程度。例如，我曾為兩位被魔鬼完全控制的人驅魔，這過程中，他們保持完全的靜止和沉默。我還可以列舉許多其他不同的例子，而每個例子都有不同的癥狀。

魔鬼迫害：這類癥狀從非常嚴重到很輕微都有可能。這類癥狀沒有附魔的現象：像是失去意識或者自己不能控制行動和言語之類。聖經給了我們許多惡魔迫害的例子，其中一個是約伯：他沒有附魔，但他失去了他的孩子、他的財產和他的健康。傴僂的病婦和被耶穌治癒的聾子及啞巴，都沒有被魔鬼完全控制，但是因為有魔鬼，才造成身體不適。聖保祿絕對沒有附魔，但他被一個惡魔迫害，造成身體非常痛苦：「免得我因那高超的啟示而過於高舉自己，故此在身體上給了我一根刺，就是撒殫的使者來拳擊我，免得我過於高舉自己。」[11] 毫無疑問地，這些痛苦都是由魔鬼引起的。

雖然現在附魔的情形相對地罕見，我們驅魔師仍會碰到很多在健康、工作或人際關係中被魔鬼打擊的人。我們必須讓大家明白，診斷和治療與惡魔迫害有關的疾病，並不比診斷和治療被魔鬼完全控制的人容易。嚴重的程度可能不同，但診斷的難度和癒合所需的時間則無差別。

魔鬼擾念（著魔）：著魔的癥狀包括會突然攻擊人（這可能是持續的），有時會執著於妄想或甚至是沒有理性的荒謬想法，但由於著魔，受害者無法自拔。因此，受魔鬼困擾的人，總是生活在空虛、絕望和企圖自殺的精神狀態下。幻想幾乎總是與夢境混淆，因此有些人會說，這是精神疾病的證據，需要精神科醫生或心理學家的治療。當然，同樣的說法也適用於所有其他被惡魔侵害的現象。然而，因為某些癥狀與醫學所知的疾病是如此不同，而很確定地顯示出這是源於惡魔的侵擾。只有這方面的專家以訓練有素的觀察，才能識別出其中關鍵性的差異。

魔鬼感染：這種感染會影響房子、物件或牲畜。這本書只會提到這個主題。我的意思是說，當我提到人的時候，我絕不會用這個名詞。論及人時，我只會說魔鬼附身（附魔）、魔鬼迫害，或魔鬼擾念（著魔）。

屈服或依附魔鬼：當人自願屈服於撒但時，就會陷入這種形式的邪惡。兩種最常見的依附形態是與魔鬼歃血為盟，以及接受撒但授予的職位。

11 格林多（歌林多）後書12章7節。

天使的保護

我們要如何保護自己免於所有這些魔鬼的侵害呢？嚴格的說，《驅邪禮典》只限於用在真正附魔的情況下。因為如我之前所說，目前的《驅邪禮典》並不包括許多由驅魔師診斷出受到魔鬼影響的情況。所有不是附魔的情況，一般祈求天主恩寵的方法就足夠應付。這些方法就是祈禱、聖事、施捨、過基督徒的生活、寬恕，以及呼求上主、聖母、聖人和天使的幫助。

我現在要說幾句關於天使的話。我很高興能以談論天使來為本章魔鬼的主題做結語。魔鬼是基督的對敵，天使是我們偉大的盟友。我們受惠於天使良多，卻甚少提及他們，真是不該。我們每個人都有一位護守天使，他是最忠實的朋友，從我們受孕到死亡，每天二十四小時都陪伴著我們。他一直保護著我們的身體和靈魂，而我們大部分的時間從沒想到他。每個國家都有特定的護守天使，也許每個團體和家庭也有他們的護守天使，雖然我們不能確定最後兩點。然而，我們知道有很多天使，他們想要幫助我們的意願，遠遠大於撒但想要毀滅我們的意願。

聖經中有多處告訴我們天主交付給天使們的任務。我們知道一位總領天使的名字是聖彌額爾（米迦勒）。天使之間有一個出於愛的等級體系，這個等級體系遵守天主的帶領，正如但丁所言：「在他的聖意中我們尋得平安。」我們也知道另外兩位總領天使的名字：加俾額爾（加百列）和辣法耳（拉斐爾）。偽經中添加了第四個名字，優禮（烏列爾）。聖經將天使分成九個品位：宰制、大能、上座、掌權、異能、護守天使、總領天使（天使長）、革魯賓（基路伯）、以及色辣芬（撒拉弗）。

信徒生活於天主聖三的臨在中，並且確知聖三也在自己之內，他也知道還有一位母親——天主自己的母親——永不歇息地協助他。他曉得，他總是可以得到天使及聖人的幫助，因此，他怎麼會感到孤獨、被遺棄、或被魔鬼迫害呢？信徒的生活中會遭遇痛苦，但因為那是十字架拯救我們的道路，我們無須沮喪。信徒總是時常準備好，當有人詢問他是什麼支撐著他的希望時，他要為主作見證。

很顯然的，信徒必須忠信於天主，並且必須敬畏罪。這是我們力量的基礎，正如聖若望告訴我們的：「我們知道凡由天主生的，就不犯罪過；而且由天主生的那一位必保全他，那惡者不能侵犯他。」[12]如果有時我們因為自己的軟弱而跌倒，我們必能立即再站立起來，因為我們有天主仁慈偉大的恩賜——悔改與告解。

12 若望一書5章18節。

相關資料

教宗良十三世關於惡魔的神視

許多人都記得，在梵蒂岡第二屆大公會議改革之前，在每一次彌撒結束前，主禮和信眾會跪下誦唸一遍〈聖母經〉，以及一篇向總領天使彌額爾的祈禱文。這是一篇非常美麗的禱文，會為所有誦念這篇禱辭的人帶來極大的好處：

聖彌額爾總領天使，在戰爭的日子裡保衛我們，免我們陷入魔鬼邪惡的陰謀和奸詐的陷阱中，我們謙卑地祈求，但願上主譴責他。

上主萬軍的統帥，求你因上主的威能，把徘徊人間，引誘人靈，使其喪亡的撒殫及其他邪靈，抛下地獄裡去。阿們。

這篇祈禱文的來歷是什麼？根據一九九五年的《禮儀年報》（*Ephemerides Liturgicae*）第58～59頁的報導，是這樣的：

多明尼加．派奇諾神父（Domenico Pechenino）寫道：「我記不清楚是在哪一年。有天早晨，偉大的教宗良十三世在做完了一台彌撒後，和往常一樣，參加一個感恩祭。突然，我們看見他抬起頭來，目光凝聚在主禮者的頭頂。他聞風不動，只是目不轉睛地盯著。他顯得有些驚惶，面容及臉色驟變，像是有什麼異常嚴重的事情正在他身上發生。

「終於，他似乎回過神來，輕而穩定地拍了一下自己的手，然後站立起來，走向他的私人辦公室。他的侍從焦急擔心地跟著他，輕聲問說：『聖父，你哪裡不舒服嗎？你需要什麼嗎？』他回答說：『沒什麼，沒什麼。』大約半個小時後，他將聖禮部的秘書召來，遞給他一張紙，請他將其印出來，寄給世界各地教區的負責人。那張紙上寫的是什麼？就是我們在每一次彌撒結束時大家一起念的祈禱文，熱切地懇求聖母及總領天使彌額爾，請上主將撒殫抛入地獄。」

教宗良十三世指示，在誦念這些禱文時，應該跪下。這段敘述原刊登於一九四七年三月三十日的《神職人員週報》（*La settimana del clero*），雖然沒有這信息的原文，但我們可以證實的是，這篇祈禱文確實是在公元一八八六年發送到各教區，這是一個不尋常的狀況。

有一個可信的證人，就是納撒利．羅卡（Nasalli Rocca）主教。他在一九四六年給博洛尼亞（Bologna）教區的四旬期牧函中寫道：「這篇祈禱文是教宗良十三世自己寫的。其中，『徘徊人間，引誘人靈，使其喪亡的撒殫及其他邪靈』這句話背後有個歷史背景。教宗的私人秘書里納爾多．安吉利（Rinaldo Angeli）蒙席曾經多次解說過，教宗良十三世確實曾在一次神視中看到魔鬼的靈體在『永恆之城』（羅馬）聚集。他要求所有教堂誦念這篇祈禱文，就是由於這次經驗的關係。他常會用力、大聲地誦念這篇禱文，我們在梵蒂岡大教堂聽過很多次。教宗良十三世也親自寫了一個驅魔禮，被包括在《驅邪禮典》中。他建議主教和神父要經常在教區和堂區誦念這些驅魔禮儀。他自己則常在一天中多次誦念。」

還有一件有趣的事，可以證明以前每次在彌撒結束時都要誦念祈禱文的重要性。教宗庇護十一世（Pius XI）添加了一個為俄羅斯皈依祈禱的特別意向（一九三〇年六月三十日諭）。在這個諭令中，教宗提醒所有人要為俄羅斯及在俄羅斯的宗教迫害祈禱後，他以下面幾句話做結語：「讓我們以偉大的前教宗良十三世所指示的，所有神父和教友要在彌撒結束時所念的禱文，來為俄羅斯皈依的特殊意向祈禱。所有主教和神職人員也應如此教導每一位參與彌撒神聖獻祭的人，並經常提醒他們。」13

我們可以看到，這幾位教宗都經常提醒我們，撒但在我們中間出現的可怕。此外，教宗庇護十一世的建議一針見血地駁斥了盛行在這個世紀的偽教義。這些偽教義不僅一直在毒害神學家的生命，也毒害了所有人的生命。庇護十一世的指示沒有被人們遵循這一事實，是負責執行這些指示的人的過錯。教宗下達這些指示，是在法蒂瑪聖母顯現事件傳遍世界各地而廣為人知之前。天主藉著聖母顯現祝福人類，教宗的指示與這神恩的事件雖然沒關聯，卻有異曲同工之妙。

撒但的賞賜

撒但有權柄賦予他的信徒某些能力。由於魔鬼是一個騙子，當那些人在接受這些能力時，他們也許不知道（要不然就是不想要知道）這些能力的來源，而只是為了能得到這些免費的賞賜而大感興奮。某個人可能開了天眼；另一些人坐在那裡，只要有

13《天主教文明》期刊（*Civilta cattolica*），一九三〇年，卷3。

紙、筆，就可以馬不停蹄地寫下一頁又一頁流暢的訊息；還有一些人覺得他們能夠以自己的分身進入很遙遠的建築；很多人則是常常聽到「一個聲音」，這個聲音有時像是祈禱，其他時候則可能是任何聲音，但絕不是祈禱的聲音。

我還可以再舉出其他例子。但是這些特殊的賞賜是源自何處？這些是來自聖神（聖靈）的神恩嗎？它們是出於撒但嗎？還是，這些只是超自然的天賦呢？要能分辨真相，我們必須求助於在這方面有經驗的人。當保祿在提雅提辣（推雅推喇）的時候，有個具有占卜能力、為主人賺了很多錢的女奴，一直緊跟著保祿。這女孩的異能來自撒但，當保祿把那邪靈趕走之後，她的異能就立即消失了。[14]

我再舉一個例子，是刊登於一九八七年九月號的雜誌《在聖神內重建》（*Rinnovamento dello Spirito Santo*）中，自稱「巴里的伊拉斯謨」（"Erasmus of Bari"）的人的真實案例。下文中，括弧內的說明是我添加的：

幾年前，我玩過一個名為「鏡子」的遊戲，但是當時我不曉得這是招魂術的一種形式。這個遊戲傳達給我的訊息，都是在談論和平與共融的精神（注意魔鬼如何隱藏在善行的外表下）。過了一段時間之後，我在露德進行宣教工作時，我被賦予了奇特的能力（這也是值得注意的：沒有任何地方魔鬼不能進入，無論那地方是多麼神聖）。

我所得到的特異能力，以通靈學的定義來說，就是超感官的能力，亦即：開天眼，診斷疾病，讀心術，能看到生者或死者的內心與生命，以及其他力量。幾個月後，我得到了另一個能力：只要覆手就能消除別人的病痛。我可以消除或減輕任何種類的痛苦，這就是所謂的「生命能量（般那）療法」（prana therapy）嗎？

有了這些能力後，我很容易就能跟人搭訕，但在我們談話之後，他們就會遠離，因為我可以看到他們的靈魂深處並譴責他們所犯的罪，而使他們感到驚嚇與惶恐不安。然而，當我在讀聖經時，我意識到我的生活並沒有任何改變。我仍然易於發怒，緩於寬恕，動輒抱怨，無端生氣。我害怕背負起自己的十字架，我害怕面對未來和死亡。

走過了尋覓答案的漫漫長路，也歷經了許多痛苦之後，耶穌啟示我來到「聖神更新運動」。在那裡，我遇見了為我祈禱的兄弟，我們也意識到，在我身上發生的事，是出於魔鬼，而不是天主。我可以見證，我見到了耶穌聖名的威能。我察覺並

14　宗徒大事錄16章16－18節。

承認我過去所犯的罪，我從此拒絕了所有形式的靈異魔法。我的這些能力消失了，天主也寬恕了我。為此，我感謝天主。

我們不要忘記，聖經中也有許多例子，是天主以及魔鬼所行的超自然行為。梅瑟（摩西）奉天主之命在埃及法老面前所行的一些奇蹟異事，法老的巫士也能學樣仿行。這就是為何這一類的奇蹟，就其本身來看，不能指出它們的來源沒有問題。

通常受到魔鬼騷擾的人都有特別「敏銳感」的天賦。例如，他們能夠立即感受到其他人的負面情緒，或是可以預見未來會發生的事情，有時他們有強烈的傾向要為心理脆弱的人「覆手」。其他時候，他們自覺可以影響其他人的生活，因而從內心產生一種帶著優越感的卑劣念頭——希望別人生病。我的經驗證明，只有一種方法可以治癒這些心中的騷亂，那就是抗拒並克服這種心理傾向。

第十二章

何謂驅魔

聖經上說：「信的人必有這些奇蹟隨著他們：因我的名驅逐魔鬼，說新語言。」[1]耶穌賦予所有相信他的人的這個力量，是完全有效的。這是基於祈禱和信仰的普遍性力量，可以由個人或團體行使。它隨時都可使用，不需要特別授權。然而，我們必須清楚地說明，上述所說的力量是**釋放的祈禱**，而不是驅魔。

為了提高基督所賦予的這個力量的效益，並保護信徒免於受到術士和騙子的侵害，教會設立了一個特別的聖儀——驅魔。這個聖儀唯有獲得特殊及明確准許的主教及神父才可施行，因此，平信徒[2]絕不能進行。《天主教法典》（*Canon Law*）中關於驅魔的規定（法典一一七二條）提醒我們，相較於私人祈禱，聖儀還被賦予了教會轉禱的力量（法典一一六六條）。法典一一六七條說明了聖儀必須如何施行，以及經教會批准的、應遵守的禮規及格式。

當我們審視所有這些規定後，可以得出一個明顯的結論，就是：除了驅魔主教本身（我希望這樣的主教能多一些！），只有經過授權的神父可以被稱為驅魔師。今天這個頭銜常被濫用。許多神職人員和平信徒都自稱驅魔師，但其實他們不是。許多人聲稱他們施行驅魔禮，但充其量他們最多只是在念釋放禱文，而最糟的情況是，他們根本就像是在施行巫術。

唯有教會制定的聖儀可以被稱為「驅魔」。任何其他使用該名稱的，都是誤導和欺騙。根據《天主教教理》（*Catechism of the Catholic Church*），只有兩種類型的驅魔：一種是在聖洗聖事中施行的驅魔禮，這是唯一的「簡單驅魔禮」；另一種是只能由驅魔師施行的隆重驅魔禮，也就是所謂的「大驅魔禮」（天主教教理一六七三條）。將任何私人或公眾代禱稱為驅魔禮，都是錯誤的，因為它們其實只是釋放的祈禱。

驅魔師必須遵循《驅邪禮典》中的禱文。驅魔與其他聖儀的主要不同之處是，驅魔可能只要幾分鐘，也可能持續好幾個小時。因此，有些情況也許不需要誦念《驅邪禮典》中的所有禱文，而有些情況要按《驅邪禮典》的建議，添加許多其他必要的禱文。

驅魔禮有雙重目的：所有關於驅魔的書都會提到的其中一個目的，是要**釋放附魔者**。驅魔的開始和第一個目的則是要**診斷**，然而，這個目的卻常常被忽略。

的確，在開始之前，驅魔師要詢問本人或他的親屬，以確定是否真的有必要驅魔。另一方面，確實也只有通過驅魔禮本身，才能確定是否有撒但的影響。我們遇到的每一種現象，無論多麼光怪陸離或難以理解，都可能有一個自然的解釋。即使面臨許多精神

1 馬爾谷福音16章17節。
2 編注：教會中未被授以聖職的成員，即一般教友。

和靈異現象，我們仍然可能沒有足夠的資料來進行診斷。只有通過實際的驅魔禮，才能確定我們處理的是否與撒但有關。

認出魔鬼的標記

現在，我們必須介紹一個議題，但很不幸的是，《驅邪禮典》本身沒有包括這議題，而所有這方面的書籍也都沒有提及這個議題。

我剛說過驅魔的首要目的是「診斷」。也就是說，我們必須先確定癥狀是由於魔鬼的影響還是自然原因造成的。按過程的順序而言，這是我們應該尋求和達成的第一個目標。當然，以重要性而言，驅魔所要達成的效果，就是要將人從魔鬼的控制下釋放出來，或免受其騷擾。步驟的順序（先診斷後治療）是極為重要的，驅魔師必須將此牢記在心，正確地評估過程中的每一個標記。驅魔開始前、過程中，以及結束後的標記，與在過程中**標記的演變**，都十分重要。

我們認為，《驅邪禮典》間接地討論到步驟順序的重要性，因為它制定了一個規範（第三號），警告驅魔師不要輕易地認定某人為魔所困。接著，《驅邪禮典》設置了其他規範警告驅魔師，撒但會用許多技巧與手段來掩飾他的存在。我們驅魔師認為，必須要當心不要被心理疾病患者或沒有受到任何魔鬼影響的人的幻想所騙，因為在那些情況中，完全不需要我們。然而，在另一方面也有一種危險——現在這種危險出現的頻率比以前要高了許多，因此更令人擔憂——就是不承認魔鬼的存在，因此雖然情況需要，卻拒絕驅魔。

不必要的驅魔，不會對人造成任何傷害；所有我諮詢過的驅魔師，都同意我這個說法。在為一個人第一次驅魔而情況不確定時，我們都會輕聲地誦念簡短的驅魔禱文，因此有時會被誤認為我們只是在做簡單的祝福，但我們從來沒有後悔這樣做。另一方面，在非常罕有的情況下，我們沒有認出是魔鬼作祟，因而拒絕執行驅魔禮，但到後來發現還有更嚴重的惡魔情況，這使我們非常地難過。

認出標記的重要性，值得一再強調。即使只有少數而且不確定的記號，也足以作為進行驅魔的理由。如果在驅魔過程中，我們偵測到更多的記號，只要有必要，我們就將一直繼續進行，即使第一次驅魔通常比較快結束。我們在驅魔過程中也可能沒有看到什麼記號，但在驅魔後，患者感到受益良多。這時我們會再做一次驅魔：如果患者繼續感到受益，在驅魔的過程中，遲早會有明顯的記號顯示。我要再次強調，最有用的是在驅魔過程中觀察這些記號的演變。當標記開始逐漸減少，通常意味著痊合已經開始。當標記以不可預測的模式增加時，通常是因為以前隱藏的一個魔鬼現在浮現出來。只有當所有魔鬼都浮現出來後，治癒才會開始。

從以上所說，我們可以了解，如果非要等到確定是附魔的情況才進行驅魔，那是多麼愚昧的做法。在開始驅魔前，我們可能完全不知道會發生什麼事，因為某些種類的記號只會在驅魔過程中或驅魔之後，甚至要在多次驅魔之後才會顯現。我碰過一些案例，要經過好幾年的驅魔後，這疾病才會呈現出所有的嚴重性。

想要將所有受到魔鬼影響的人的行為歸納成一個標準模式，是不可能的。有經驗的驅魔師能夠相當準確地認出絕大部分的魔鬼現象，譬如，《驅邪禮典》列示了附魔的三種跡象：聽不懂他說的話，顯示超人般的力氣，知道隱密之事。根據我自己多年的經驗，我也問過其他驅魔師，所有人都說這些記號總是出現在驅魔的過程中，從來沒有在驅魔之前就出現的。因此，期望有了這些記號出現後才進行驅魔，是不切實際的。

然而，我們也不見得總是能得到精確的診斷。我們常常會碰到讓自己很困惑的情況。這是因為在困難的案例中，我們面對的人不但受到魔鬼影響，同時也有心理失調的問題。在這些情況下，我們需要借助專業的精神科醫生的力量。肯迪度神父曾多次請求羅馬一所著名的精神病院負責人——馬里亞尼（Mariani）教授——在驅魔過程中協助他。很多時候，馬里亞尼教授也會邀請肯迪度神父幫助他做診斷，這樣的合作最後得以治癒一些他的病人。

一些現代的神學「專家」好像發現一個偉大的新理論般，煞有介事地說某些類型的精神疾病可能會與附魔混淆，真令我啼笑皆非。有些精神科醫生或心理學家也會做同樣的陳述，認為這是他們偉大的新發現！如果他們有足夠豐富的知識就會知道，首先提出這種錯誤診斷警告的專家，是教會當局自己。自公元一五八三年在蘭斯主教會議（synod of Reims）的法令中，教會就提出警告，可能會有把精神疾病誤以為是附魔的危險。但在那時候，精神病學還沒有誕生，神學家還相信福音。

釋放所需的時間

驅魔不只是為了診斷，而是旨在治癒病人，拯救他掙脫魔鬼的控制——一段漫長而且常常很艱難的旅程由此開始。要使病情得以進步，必須取得附魔者本人的合作，但這一點卻常常遭到阻礙：他應該祈禱，但他常常不能做到。他應該常常領受聖事，但他做不到。有時，甚至要求他去驅魔師那裡接受驅魔聖儀，似乎都是不可能達成的任務。他需要其他人的幫助，但在大多數情況下，沒有人理解他。

將一個附魔的人釋放出來需要多長時間？這個問題沒有標準答案。使人得到自由的是上主。天主以祂神聖的自由行事，雖然祂絕對會俯聽人們的祈禱，特別是教會的代禱。我們可以說，通常所需時間的長短，與最初附魔的程度以及求助驅魔之前的時間成正比。

我記得有一個十四歲的女孩，她只被附魔幾天。她似乎很憤怒，她瘋狂踢人、咬人和亂抓。但只用了十五分鐘驅魔，她就完全被釋放。在驅魔的時候，她曾摔到地上，好像死了一樣——就像福音中記載的那個耶穌的宗徒無法治癒的年輕人——幾分鐘後，她恢復了知覺，開始與她弟弟在院子裡嬉笑玩耍。

然而，像這種如此快速復原的情形極為罕見，只有當魔鬼影響的程度極為輕微時才會發生。大部分時候，驅魔師處理的都是很嚴重的情形，因為現在很少人會想到驅魔了。讓我舉一個典型的例子。當一個孩子出現奇怪的行為時，尤其如果剛開始時癥狀很輕微，他的父母可能根本不在意是什麼原因造成的，而認為這只是孩子成長中的自然現象，長大後就會沒事。當情況惡化時，父母開始尋求醫療幫助：他們先會去看一個醫生，然後再找另一個醫生，最後遍訪名醫也束手無策。

曾經有一位十七歲的女孩找到我。她在去過了歐洲所有知名的醫院之後，受到一些親朋好友的誤導，認為可能是受到什麼靈異的影響，而求助於巫醫。這時候，最初的傷害已經加深了好幾倍。只是一個偶然的機會，不知是誰給她的建議（幾乎從來都不是因為神父的建議），她轉而向我求助。因為病情拖延了許多年，魔鬼的影響已經根深蒂固。我們常說：驅魔就是要將魔鬼「連根拔起，讓他飄盪遠離」，確實如此。但像這樣的情況需要經過許多次的驅魔，通常會持續幾年，而且未必能夠得到釋放。

我再說一次：時間長短是掌握在天主的手中。驅魔師以及被驅魔者的堅定信心都非常有助益，就和受害者、他的家人，以及其他教友（如隱修院的修女、堂區、祈禱團體，特別是那些專為附魔釋放的祈禱團體）的信心一樣重要。與釋放祈禱所指明的目標結合使用時，適當的聖儀，例如：灑驅魔聖水（或至少聖水），傅驅魔聖油和使用驅魔聖鹽等，都非常有幫助。

任何神父（不一定要是驅魔師）都可以灑驅魔聖水、使用驅魔聖油和鹽。然而，神父必須相信和熟悉《驅邪禮典》中的相關特定禱文。知道這些聖儀的神父非常少，大多數神父不知道有這些聖儀，並會嘲笑任何請求他們做這些聖儀的人。在本書稍後，我會再回頭來討論這個議題。

經常領受聖體並根據福音的教導生活是非常重要的。誦念〈玫瑰經〉及〈敬禮聖母瑪利亞〉的力量已有很多文獻的記載，其次是天使和聖人代禱的力量。到聖所朝拜會得到非常多的恩寵。聖所通常是建在天主特別揀選的地方，在那裡開始驅魔，可以從魔鬼處得到釋放。

天主豐富地賜予我們各種恩寵，但要如何使用這些恩寵，是個人的抉擇。福音在敘述基督接受魔鬼誘惑的試探時，給了我們一個很重要的啟示：耶穌是用聖經中的話語來喝斥誘惑者。天主的聖言極為有力，讚美的祈禱——自發的以及特別是聖經上的，譬如〈聖詠〉（詩篇）及讚美天主的聖歌——是最有用的。

縱然有這麼多恩寵，驅魔的效力會讓驅魔師變得非常謙虛，因為他親身體驗到自己不能做什麼，成就事情的是天主。驅魔師和被驅魔者都會經歷一段嚴重沮喪的時期；具體的成果往往很慢，也很難到來。但在另一方面，驅魔師也可親身體驗到非常豐盛的靈性收穫。這些收穫能幫助我們更為瞭解為何天主允許這些極為痛苦的試煉。我們在黑暗中懷著信心前行，知道我們是朝向光明邁進。

聖像與聖牌的功效

我想再補充一些關於聖像的感想。聖像對於我們的身體和住處，譬如大門、臥室、餐廳，或家人最常活動的房間，有很重要的保護性。聖像不是模仿異教習俗的「護身符」，而是遵循基督信仰的觀念，效法那些圖像所代表的人物，並尋求他們的保護。現在我常常看到有些房子，門口張掛著鮮紅色的魔鬼頭角，但當我進到屋內的每一個房間去祝聖時，卻很少看到聖物。這是一個極大的錯誤。

我想到聖伯爾納定（Bernardino of Siena）的例子，他會說服這些家庭在房屋的前門掛上一個大聖牌，上面寫著耶穌名字的縮寫（JHS，也就是Jesus Hominum Salvator——耶穌基督救世主）以紀念耶穌廣受歡迎的任務。

我個人經歷過多次懷著信心配戴聖牌的功效。光是聖母顯靈聖牌的奇蹟就已多到無法一一列舉，這個聖牌從公元一八三〇年，童貞聖母在巴黎向聖女加大利納・拉布萊（Catherine Laboure）顯現後，在全球已經分發了數百萬枚。有很多書籍專門討論這個議題。

有一個非常著名的附魔實例，是關於在阿爾薩斯・依爾芙地區的伯納爾（Burner）

家兩個兄弟的故事，由於其歷史文件的正確性，有很多關於這個案例的書籍。這對兄弟經過了一系列的驅魔禮後，在一八六九年脫離了魔鬼的控制。據報導，這個魔鬼所做的許多極端惡毒的行動中，有一件是計畫讓載著驅魔師、一位蒙席[3]以及一位修女的車輛翻覆。魔鬼的企圖沒有得逞的唯一原因是，在最後關頭，有人給了這汽車司機一枚聖本篤聖牌，以保護他的旅途平安，而這位好人虔敬地把聖牌放在他的口袋中。

最後，我想起《天主教教理》中四段專門討論驅魔的章節。如果我們依序研讀這些章節，就不難看出它們是按驅魔程序安排的：

- 教理五一七條論及基督的救贖奧跡，他的治病與驅魔。這是基督救贖行動的起點。
- 教理五五〇條說「天國的來臨挫敗了撒殫的王國」並引用了耶穌說的話：「如果我仗賴天主的神驅魔，那麼，天主的國已來到你們中間了。」[4]驅魔的終極目標是：使人擺脫魔鬼的控制，證明基督完全戰勝了「這世界元首」[5]。

接下來的兩段教理告訴我們，施行驅魔禮的兩種情況：一種情況是作為洗禮的一部分，另一種情況是用來釋放附魔者，使其得到自由。

- 教理一二三七條提醒我們，洗禮是使人從罪惡及撒但的奴役下釋放出來。因此在洗禮中，要向候洗者行一次或多次的驅魔禮，候洗者也要明確表示棄絕魔鬼。
- 教理一六七三條指出，教會的驅魔禮是公開地以其權威，因耶穌基督之名，祈求保護某人或某物件，對抗並脫離魔鬼（邪惡）的控制。驅魔的目的是驅走魔鬼，或解放人免受魔鬼的控制。

我要強調最後一段的重要性，因為它銜接了現行的《驅邪禮典》與《天主教法典》。它指出解放的不只是人，也可以是物件（按慣例，這個名稱泛指房屋、動物，以及物品）。《天主教法典》規定驅魔禮不僅可以用於附魔，也可以用於受魔鬼影響的情況。

3 編注：蒙席（Monsignor）是一種尊稱，為教宗頒賜有功神父的榮銜。
4 瑪竇福音12章28節。
5 若望福音12章31節。

第十三章

魔鬼攻擊的目標

為何魔鬼作祟不斷增加？

常有人問我，是否有很多人被魔鬼侵襲。我可以用著名的法國驅魔師、耶穌會神父通科德（Tonquedec）的話來回答：「有許許多多不快樂的心靈，雖然他們沒有附魔的跡象，但他們會向驅魔師求助以減輕他們的痛苦，譬如：固疾、困境、各種各樣的不幸事件。附魔的人只是少數，但這些不快樂的心靈比比皆是。」

真正受到魔鬼侵擾的人數，與那些遭受一連串苦難而想要徵詢驅魔師專業意見的人數，比較一下兩者之間的巨大差距，就能顯示出這種觀察是正確的。然而，今天我們必須考慮其他許多在通科德神父的時代不存在的因素。我直接經歷過這些因素，因此可以憑我的經驗說，受惡魔侵擾的人數，已經大大增加。

造成魔鬼影響增加的第一個因素，是西方的消費主義。大部分人已經由於物質主義和享樂主義的生活方式而失去了信仰。我認為社會主義和共產主義要負相當大的責任，特別是在義大利，因為在過去幾年中，馬克思主義的教條主導了媒體和文化。據估計，只有百分之十二的羅馬人出席主日彌撒——眾所周知的事實是，當宗教式微時，迷信就會增加。我們可以看到招魂、巫術和神秘主義的迅速擴散，特別是受到年輕人的青睞。除此之外，還有追求瑜伽、禪、超覺靜坐，其中有些鼓勵人融入靈界。現在我們不需要再去印度尋訪宗師，因為我們在門口台階就可以找到他們。這些看似無傷大雅的行為，常常會造成幻覺和精神分裂症的情況。另外，許多邪教呈現幾何級數的增長，其中許多帶有明顯的撒但標記。

電視上在教導巫術和招魂。神秘教派的書籍在報攤出售，甚至可以郵購。還有各類報紙及恐怖節目，在性與暴力之上又添加了撒但的情節。不得不提有一種近似著魔的音樂越來越普及，我指的特別是撒但式的搖滾樂。皮耶羅・蒙特里奧（Piero Mantero）在他的《撒但甩尾的伎倆》（*Satana e lo stratagemma delta coda*, Udine: Segno, 1988）一書中對這議題有廣泛的討論。當我應邀到幾所高中演講時，我有機會親眼見到這些撒但的工具對年輕人的影響有多大。令人難以置信的是，各種形式的巫術和招魂在國中和高中是多麼普遍。這種邪惡無處不在，即使是鄉下小鎮也無法倖免。

我必須指出，太多教會神長對這些問題完全不關切，而讓信眾毫無防範之心。我認為將大部分的驅魔禮從洗禮中排除，是一個嚴重的錯誤（教宗保祿六世似乎同意我的看法）。我相信，將以前每次彌撒後誦念的總領天使彌額爾禱文除去，而沒有替換其他適當的禱文，也是一大錯誤。我深信，任由驅魔禮逐漸消逝，是主教們不可推卸責任的缺失。每個教區的主教座堂都應該至少有一位驅魔神父，每一個大型堂區和聖殿也應該有一位。現在驅魔師少之又少，幾乎完全找不到。但在另一方面，驅魔師的工作對堂區牧靈有不可或缺的重要性，對宣講、聽告解以及施行聖事的神父來說亦然。

天主教會的高階神長，應該大聲地說「我罪、我罪、我的重罪」。我跟許多義大利的主教熟識，我知道只有幾個主教曾經施行過驅魔或在驅魔過程中幫忙，或是充分意識到這個問題。我覺得有必要重複一次我在別處寫過的：如果一位主教對一個合理的驅魔請求——我不是說一些精神錯亂者的要求——不能親自或是派遣一位合格的神父去處理，他就是犯了最嚴重的過失罪。由於這種疏忽，我們現在已經失去學校曾經有過的傳統——在過去，一個現職的驅魔師會教導一個新手。稍後我會再討論這個議題。

感謝電影的功勞，讓我們重新燃起對驅魔的興趣。公元一九七五年二月二日，梵蒂岡廣播電台訪問了電影「大法師」的導演威廉・弗萊德金（William Friedkin）和他的「專家顧問」，耶穌會的神學家多瑪斯・白明根（Thomas Bemingan）神父。導演說，他想呈現的是在某本書中敘述的，一個發生在一九四九年的真實故事的情節。這部電影沒有對附魔做任何定論——按導演的說法，這是一個屬於神學家的問題。

當這位耶穌會神父被問及：「大法師」只是另一部恐怖電影而已，還是一個具有完全不同意義的東西時，他強調說，應是後者。他以世界各地觀眾的巨大迴響來證明這部電影——且不論其中的音響及特效——非常嚴肅地處理了魔鬼的問題，重新喚起大眾對遺忘已久的驅魔的興趣。

被撒但盯上的四種原因

為何我們會成為撒但特別行動的獵物？我的意思是說，除了「誘惑」這種適用於每個人身上的撒但慣常行動之外，會被特別盯上，這可能是由於我們自己犯的過錯，也可能我們完全沒有察覺到。我們可以將原因歸為四類：(1)天主允許此事的發生，(2)被魔鬼詛咒的無辜受害者，(3)由於嚴重和根深蒂固的罪惡，(4)與邪惡的人或地方有牽扯。

❶ 天主的允許

我要先絕對清楚地表明，若非天主許可，沒有任何事情會發生。天主也絕對不希望任何人遭到邪惡的不幸。但是祂容許我們擁有自己的意志（因為祂以完全自由的意志創造了我們），並且，為了我們自身的益處，祂會利用一切、甚至邪惡的事來達成。第一類魔鬼特別行活動的特徵是，與人的罪惡無關，完全是由於魔鬼的干預。天主一直容許撒但的慣常活動「誘惑」，並給我們需要的所有恩典來抵抗誘惑，從而帶來強化靈性生活的益處。同樣地，天主有時也會容許撒但的特別行動——附魔或魔鬼的騷擾——來促使我們更加謙卑、忍耐和節制。

我們已經討論過這個類型的幾個例子：魔鬼的特別行動導致身體疼痛（例如聖若翰．衛雅司鐸及聖五傷畢奧神父所遭受的毆打和鞭撻），以及當所謂的魔鬼迫害被容許時，我們提到了約伯和聖保祿的故事。

許多聖人都曾受過這種痛苦。在當代的聖人中，我可以引用被教宗若望保祿二世特別讚揚的兩個人：若望．加拉布瑞（Giovanni Calabria）神父，以及第一位阿拉伯真福，特敬受難耶穌的瑪利亞修女（Sister Mary of Jesus Crucified）。這兩人都不是因為任何人性的過錯，而長時間遭受真正的附魔。在這期間，雖然兩位聖人做了、說了一些與他們的聖潔完全不符的事，但他們並沒有任何過失，因為這是魔鬼藉著他們的身體所行的事。

❷ 受到魔鬼的詛咒

這是另一種受害人完全無辜的情況。然而，這種情況牽涉到一些人的行動——發出詛咒或僱用巫師來詛咒人的行為。我前面已經用一整章來討論這個主題，在這裡，我只簡單地說，魔鬼的詛咒讓魔鬼介入來造成他人的痛苦。魔鬼可以用許多不同的形式介入：束縛、惡魔的眼光、詛咒……等等。若論最常見的方法，我會立即說是巫術。在我們所遇過的附魔或被惡魔侵擾的案例中，巫術也是最常見的肇因。有些教會神長聲稱他們拒絕相信巫術的存在，我不知道其背後的原因為何，正如我不知道他們要如何保護他們的羊群，免於成為魔鬼巫術的受害者。

有些人可能會驚訝，天主竟然允許這種邪惡的事發生。事實上，天主創造了我們並賦予我們自由，祂從不遺棄祂的受造物，即使是最邪惡墮落的也一樣。到最後，祂會根據各人的正義來賞報，因為每個人都會依據自己的行為而被審判。因此，如果善用祂給我們的自由，我們就會獲得賞報，但若將自由用於邪惡的目的，就會得到責罰。

我們可以幫助別人，也可以各種方式的惡行傷害他們。舉例而言：我可以花錢雇一個殺手去謀殺某人，天主沒有義務去阻止他。同樣地，我可以輕易地花錢請一位術士或一個巫師對別人施放邪惡的法術，正如在第一種情況天主沒有義務干預（雖然很多時候祂會出手）。和那些沒有活出信仰，或是更糟的、一直生活在大罪狀態中的人比起來，生活在恩典中與熱心祈禱的人，天主更有可能出手干預，對抗邪惡。

在這裡，我必須提出一個警告（這個警告我會在後面的章節中再做詳盡的討論）：巫術和其他邪惡的行為是江湖郎中的專長。真正巫術的案例在這個詐欺盛行的領域中，只佔了一小部分。巫術除了為騙子提供了各種機會外，也特別投合意志薄弱的人的傾向和想法。因此，非常重要的是，驅魔師應謹防受騙，但同樣重要的是，每個有常識的人都應要警惕。

❸ 嚴重和根深蒂固的罪惡

很不幸的，我們要在這裡討論的議題，就是造成魔鬼的受害者日益增加的原因。究其根本，真正的原因總是在於缺乏信仰。沒有信仰的人越多，迷信的人也就越多；這幾乎成了一道數學公式。我相信福音讓我們在猶達斯（猶大）的個性上，看到了一個清楚的例證。他是個賊。耶穌不知道嘗試了多少次想要糾正他，勸他悔改，但得到的結果只是被拒絕，而且他的罪更加深。當猶達斯問司祭長「我把他交給你們，你們願意給我什麼？」[1]的時候，他已惡貫滿盈了。在最後晚餐的敘述中，福音告訴我們天主對猶達斯的可怕判決：「隨著那片餅，撒但進入了他的心。」[2]我毫不懷疑，那就是真正的附魔。

在現在的環境中，我們目睹家庭的崩潰，我見過許多附魔的人，他們除了其他的罪之外，也生活在不正常的婚姻中。我處理過許多婦女的個案，她們的罪包括墮胎。我遇過許多人，他們除了性生活混亂外，還有其他暴力行為。很多時候，我面對有毒癮的同性戀者，他們犯了與毒品有關的罪。我要說的幾乎是多餘的廢話：處在所有這些階段中的人，唯有經過真誠的悔改，才能開始走上癒合之路。

❹ 與邪惡的人或地方有牽扯

這個類別包括參與或協助招魂會、巫術、撒但教或其他以舉行黑彌撒為重點的邪教，或與術士、巫醫、塔羅牌之類的算命者打交道。這些都使我們容易受到邪惡法術的侵擾。如果我們墮落到想與撒但搭上關係，就會做出這一類的事情：接受撒但祝聖、與撒但歃血為盟、參加撒但的團體，以及被撒但選任為司祭。不幸的是，在過去的十五年中，我們目睹了涉及魔鬼關係的這一類情形，幾乎是爆發性的增加。

與術士或巫醫搭上關係的常見例子是：有的人因為長年固疾纏身，病急亂求醫。有的人在遭遇各種不幸後，認為是受到靈異侵擾，求助於用塔羅牌算命的人或術士，而被

1 瑪竇福音 26 章 15 節。
2 若望福音 13 章 27 節。

告知：「你被魔鬼詛咒。」到這時候為止，還沒有什麼太大的損害。但不幸的是，接下來的台詞可能是：「只要一千美元——或者更多——我就能治癒你。」這些費用可能高達三萬五千美金。如果這個人同意了，算命的人或術士會要求一些私人的物品：一張照片、一件內衣、一綹或幾根頭髮，或剪下的指甲。到這時候，魔鬼的行為已經完成。術士用這些物品做什麼？顯然是要用這些東西來施行黑魔法。

不幸的是，很多人之所以淪為受害者，是因為這些巫師通常是外表良善的女性，大家常在教堂裡見到她，或是因為術士的房間掛滿了十字架以及聖人、聖母和畢奧神父的聖像。受害者也經常被告知：「我只施行白魔法。如果你要求我施行黑魔法，我會斷然拒絕。」用現在的行話來說，白魔法意味著消除魔咒，黑魔法意味著施放魔咒。

事實上，正如肯迪度神父一再重複的提醒，沒有所謂的「白」和「黑」的魔法之分——只有黑魔法，每一種形式的魔法都是藉助撒但的力量來施行的。因此，那些可憐的受害者，本來可能只有輕微的惡魔侵擾（也可能根本與魔鬼無關），但是去找了術士施法後，卻帶著真正、全面的魔鬼侵害回家。在術士造成厄運的行動之後，驅魔師的工作也困難倍增，如果當事人在一開始發生問題時就來找我們，情況會簡單很多。

是附魔還是心理問題

現在像過去一樣，人們常常把附魔與心理疾病混為一談。我非常敬佩那些術業專精的精神科醫生，他們知道科學也有侷限，因此當病人顯現出超越任何已知的疾病癥狀時，他們能夠坦然地面對。例如，貝加莫（Bergamo）的賽門．默納比特（Simone Morabito）教授說，他有明確的證據顯示，許多被認為是精神病患的人，實際上是受到附魔之苦，因此他能夠在驅魔師的幫助下治癒他們。[3]我知道一些其他類似的情況，但我想舉一個特別的例子。

公元一九八八年四月二十四日，教宗若望保祿二世將加爾默羅會的方濟．伯嘍（Francisco Palau）神父列品真福。伯嘍神父非常喜愛我們工作的目標，因此他把晚年都奉獻於服務附魔的人。他買下一個護理療養院，在那裡照顧精神病患者。他為那裡所有的病患驅魔：附魔的人被醫治了，但那些精神疾病的人仍然生病。他在事工中遇到的許多障礙，主要都是來自其他神職人員。他曾為此兩次前往羅馬。公元一八六六年，他與教宗庇護九世（Pius IX）談論了他的問題，並於一八七九年在梵蒂岡第一屆大公會議

3 *Gents*, NO.5(1990), PP.106-12.

中，要求重新建立驅魔辦公室作為教會的常設部門。雖然那次的大公會議因其他事故中斷，但重建這項牧靈服務仍有其迫切的需要。

誠然，要分辨一個人是附魔還是心理的問題，是件很困難的事。然而，專業的驅魔師比精神科醫生更懂得如何察覺兩者的不同，因為驅魔師會對所有可能性保持開放的心態，從而能夠覺察到兩者之間差異的蛛絲馬跡。大多數的精神科醫生不相信附魔之事，因此在診斷過程中，根本不會考慮這個可能性。

多年前，有次肯迪度神父要為一位被精神科醫生診斷為癲癇的年輕人驅魔。這名醫生接受邀請，在驅魔的時候來看他的這位年輕病人。當肯迪度神父用手一摸這位年輕人的頭部時，他就倒在地上抽搐。「看吧，神父，很顯然地，我們是在醫治癲癇症。」醫生很快地指出。肯迪度神父彎下腰，又把手放在年輕人的頭上，他就跳了起來，保持站立不動。「這是癲癇病患的動作嗎？」肯迪度神父問道。「不是，絕對不是。」精神科醫生回答，顯然他被這位年輕人的動作嚇了一跳。最後肯迪度神父終於以驅魔禮完全治癒了那位年輕人，而在這之前的多年來，醫生和處方——更不用說高昂的費用了——只是對他造成更多傷害。

在這裡，我們碰觸到一個重點了：在困難的情況下，需要**不同領域的專家合作診**

斷，我們將在最後的分析中用實例來說明這點。不幸的是，因為專家的錯誤而付出代價的總是那些生病的人，他們最後往往是被醫療失誤給毀了。

我非常欽佩有些科學家，即使他們本身不是信徒，但仍承認他們研究的科學有其侷限性。埃米尼奧．塞爾瓦迪奧（Emilio Servadio）教授是位國際著名的精神科醫師、心理分析師和心理學家。一九七五年二月二日，他在梵蒂岡廣播電台做了有趣的發言，他說：

當碰到無法用已知的方法來解釋或驗證的情況時，科學就必須止步。有些限制不能精確地標示出來，因為我們不是在處理一個物理現象。我相信每一位清楚自己責任是什麼的科學家都知道，他的工具能觸及多遠的極限後，就不可能到達更遠了。

當論及附魔的話題時，我只能以自己個人的身分發言，而不能代表科學界。我見過一些案例，那種邪惡與毀滅的狀況，絕不會讓人誤以為是心理學家或精神科醫師這類的科學家所遇見的狀況，因為我們面對的是惡靈或類似的行為。這就好像要拿一個調皮的男孩與一個有虐待狂的罪犯來比較。他們之間有某種無法用工具測量，但可以感覺得到的差別。在這種情況下，我相信一個研究科學的人必須承認，有些力量無法用科學來測量它的存在，因此也無法以科學來定義它。

相關資料

害怕魔鬼嗎？看聖女如何回應

我摘錄聖女大德蘭（Saint Teresa of Jesus）自傳中的一段話，以消除對魔鬼的無故恐懼。這段話非常激勵人心，除非我們自己為魔鬼打開大門，否則我們無須畏懼。[4]

如果這位上主是強而有力的，如同我看到的祂是這樣、我知道的祂是這樣，而如果魔鬼是祂的奴隸（這是毫無疑問的，因為是信德），那麼既然我是這君王上主的僕人，魔鬼能對我作什麼惡事？為什麼我沒有剛毅來和整個地獄戰鬥呢？

我的手中握著一個十字架，我覺得，天主真的給了我勇氣，因為在那剎那之間，我看見自己判若兩人，而且我不怕和他們血肉相拚。因為我認有那十字架，我就能輕易地完全擊潰他們。為此，我說：「現在，你們全都來吧！身為上主的僕役，我倒要看看你們對我能做什麼？」

無疑地，我認為他們都怕我，因為我保持這麼地平靜，這麼地對他們全體無所怕懼。過去常有的一切害怕都離我而遠去——甚至到今天亦然。雖然有時我看見他們，如我後來要說的。我對他們幾乎不再有任何的怕懼；反而我覺得，他們都害怕我。

萬有的上主確實賜給我制服他們的主權，我毫不把他們放在眼裡，看他們不過是蒼蠅。我認為他們是這樣膽小，當他們看到自己被瞧不起，他們的魔力就消失不見了。這些敵人不知如何迎頭向前攻擊，除了那些他們看出來已向之投降的人、或當天主許可他們這樣做，為了祂僕人更大的好處，他們誘惑且折磨他們。[30]

願至尊陛下容許，使我們敬畏祂，祂才是我們該害怕的，使我們明白，一個小罪之危害我們，超過來自所有地獄聯合一起的危害。因為事實就是這樣的。

這些魔鬼使我們多麼驚嚇，因為，由於我們對名譽、財產和愉悅的保持不捨，我們甘願受驚嚇！魔鬼和那違背自己的我們聯合起來，我們愛慕和渴望的是我們本該厭惡的，那時，他們真的能大大地傷害我們。因為我把自己使用的武器提供給對方，使之和我們交戰，把必須用以防衛的武器全交給了對方。這是極其悲慘的事。然而，如果我們為天主而厭惡一切，擁抱十字架，努力真實地事奉天主，魔鬼勢必

4 *The Book of Her Life*, chap.25, nos.19-22.（譯註：中文版為《聖女大德蘭自傳》，星火出版。）

像遠避瘟疫一般，逃離這些真理。他是謊言的朋友，而且是謊言的自身。他必不會與行走於真理中的人簽訂合約。當魔鬼遇有黑暗的理智，他狡詐地助長其雙眼失明。因為，如果他看見一個人已經盲目了，安身在空虛無益的事上，而且是這麼地空虛無益，這些世物像似兒戲，魔鬼於是也把這人看成小孩，以此來對付他。所以他敢不只一次，而是許多次和他交戰。

願上主容許，我不是這些人當中的一個，而是，但願至尊陛下恩待我，使我瞭悟欲得安息，何為安息？欲得榮譽，何為榮譽？欲得愉悅，何為愉悅？而非顛倒過來；我揮拳蔑視所有的魔鬼！而他們都會怕我，當我們能說「天主！天主！」而使魔鬼顫慄發抖時，我不明白這些害怕：「魔鬼！魔鬼！」是的，因為，我們已經知道，如果上主不允許，他是無法攪亂的。這是什麼？無疑地，我害怕那些如此懼怕魔鬼的人，超過害怕魔鬼本身，因為魔鬼不能下手加害我。反之，這些怕魔鬼的人，如果他們是我的告解神師，會造成很嚴重的攪亂；我已多年經歷這麼至極的煎熬，現在我很驚奇，自己怎能忍受得了，願上主受讚美！祂這麼真實地幫助了我！

第十四章

誰能驅逐魔鬼？

我相信我已經很清楚地說明了，耶穌將驅逐魔鬼的力量，賦予所有相信他、奉他之名行動的人——這種力量，我指的是個人的祈禱，我們可以將這種祈禱統稱為「釋放的祈禱」。

驅魔師還另外領受了一種特殊的權柄。我說的是經過主教特別指派的神父。這些神父按照《驅邪禮典》規定的儀式及祈禱經文所做的聖儀，不同於個人的祈禱，因其還包括了教會的轉求。

驅魔時需要很大的**信心**、很多的**祈禱**與**禁食**：為人代禱的，與我們為其代禱的，雙方都需要。在進行驅魔時，最好能有另外一群沒有參與驅魔儀式的人，聚集在一起，同時為此事祈禱。所有神父（即使不是驅魔師）都有一種源自他們牧職的特殊權柄，這不是為了他們個人的榮耀，而是為了要能服務信徒靈性之所需。使人免於魔鬼的騷擾，是神父必須要執行的使命之一。

除了驅魔禮外，每個人都可以用一些普通的方法（譬如念釋放的祈禱文）來獲得天主的恩寵，有些方法甚至是在驅魔禮中使用的：例如將十字架、玫瑰經念珠或一些聖髑放在受害者的頭上。十字聖架的聖髑是最有效的，因為耶穌就是以十字架擊敗了撒但的王國。我們個人的主保聖人的聖髑，甚至被祝福過的普通的聖人卡片，例如畫著魔鬼特別畏懼的聖彌額爾總領天使的卡片，也都非常有效。

如果我對現在多如過江之鯽，自稱具有神恩、神視、超感，或自命為生命能量（般那）治療師、神醫、甚至吉普賽人的這類人隻字不提，我想很多讀者會大感失望。越來越多這一類人的出現，是因為主教及神職人員對驅魔之事瞭解的程度，從懷疑到無知不一而足，從而放棄了本是屬於他們牧靈範疇內的職責。我接下來會用一整章的篇幅來專門討論這個議題，但現在我先評論一下上面提到的這一類人。

首先，我要討論的是那些能夠（或自己聲稱能夠）為人解除魔鬼騷擾的人，但這些人通常只著眼於「治癒」，而不是從根本上驅逐魔鬼。在這方面，我們很難做出明確劃分。魔鬼是每一種疾病、痛苦、罪惡與死亡（這些都是罪所造成的後果）的根源，但也有些疾病是由魔鬼直接造成的。福音曾提到這樣的例子：傴僂（或該說是癱瘓？）了十八年的女人和又聾又啞的人，這兩個人的情形，都是由於撒但的作祟所引起，主耶穌驅逐了魔鬼，使他們得以治癒。

我之前提過的經驗法則很有用：如果一個疾病的起源是由於魔鬼，那就沒有任何藥物可以治療，但是祈禱和驅魔可以。確實，長期附魔的受害者會產生心理疾病的問題，因此他們即使在被釋放後，也可能仍然需要完善的醫療照顧。在這裡，我只是稍微碰觸到一個需要某項專長的領域，而一般的驅魔師並不具備這項專長。驅魔師對於精神疾病的了解程度，只需要到達能夠分辨患者是否需要精神科醫生，他不需要像精神科醫生一樣地了解精神疾病。

同樣的道理，驅魔師必須能認出心理學上的現象，但他不能替代這一領域的專家。驅魔師的專門領域是超自然的，他必須對超自然現象和其相關的治療方法具有精確的知識。這是必要的先決條件，因為這裡我們面對的是超自然、脫離常規，以及詭異或惡魔的事情。

領受神恩的人

聖神以其神聖的自由，按他自己的意願將神恩賦予他願意給予的人。這些神恩不是為了領受者的榮耀或利益，而是為了讓領受者得以為他的兄弟服務。這些神恩中有一種是將人從魔鬼的侵擾中釋放，以及治癒疾病的力量。這種恩賜可以給予個人或給予整個團體，與個人的聖潔無關，因為這是天主的自由選擇。然而，經驗告訴我們，天主通常會將這種神恩賜給真實謙卑、經常祈禱、活出基督徒典範的義人——這並不表示他們不會犯錯！現今，有許多人浮濫地誇耀自己擁有神恩以吸引受苦的群眾。我們要如何分辨真正具有神恩的人與假冒的騙子？鑑定的最後權柄屬於教會，教會有權使用任何她所認定的必要工具來做分辨。

我知道有些案例，教會當局會介入提醒信徒要提防詐欺與騙子。我不知道有哪些人被正式認定有這種神恩。這是一個相當複雜難解的問題，再加上神恩可能會突然停止，使這問題更加弔詭。因為沒有一個現存於世的人被確認是處於永久的恩典狀態，一個有神恩的人也可能因為某些原因而不配再擁有它。

我想提出四個斷定是否真正擁有神恩的準則：(1) 個人或團體按照福音的教導過一個豐富的精神生活。(2) 個人或團體完全免費地提供這項服務，甚至也不接受任何捐贈，以免有斂財之嫌。(3) 採行的方法必須是教會認可的獲得恩典的常用方法，避免有異常或迷信的行為。例如，絕對不能使用「魔法」的方式，而是要用祈禱、十字聖號以及覆手等方式，而且不可有欠缺端莊的行為。他們應該使用水、香和聖髑，並且要避免任何非教會正常使用的東西。他們應以耶穌之名祈禱。(4) 所結出的果實必須是好的。這個福音的準則是所有其他準則的總結：「由果子可認出樹來。」[1]

1 瑪竇福音 12 章 33 節。

下列是因神恩得到治癒的典型特徵：它們對於所有疾病都有效，即使是源於邪惡的疾病——亦即是由惡魔造成的。這些治療不是由於人的能力或權柄，而是由於人以信心所做的祈禱、耶穌聖名的力量，以及聖母及聖人的代禱。一個具有真正神恩的人不會失去他的力量，不需要像魔法師、占卜者一樣要休息一段時間來「充電」：他不受制於身體的反應，而只是一個傳輸天主恩典的渠道。神恩治療通常不會突顯個人的恩寵，而是強調對天主的讚美，並且增加信心及祈禱。

我要再簡短地強調一次一個建議，這是在梵蒂岡第二屆大公會議時達成、確認，卻常常沒被遵循的建議。

理性主義和自然主義使人忽視了下面這些事：非凡的徵兆、奇蹟的發生、聖人的存在、基督或聖母的顯現。現在，當這些事發生時，都被人以懷疑而不是感謝的態度來面對，未經調查就對其嗤之以鼻，或至少會把這些事當作非常頭痛的問題來處理。早期基督徒的祈禱：「賜你的僕人以絕大的膽量，宣講你的真道，同時伸出你的手，藉你的聖僕人耶穌的名字治病，顯徵兆，行奇蹟。」[2]現在沒有任何教會再做這種祈禱了。這些恩典在今日似乎只是一種令人討厭的麻煩事。

梵蒂岡第二屆大公會議確認：聖神「在各級教友中也分施特別的聖寵……這些奇

恩，或是很顯明的，或是很簡樸而較普遍的……應該以感激欣慰的心情去接受。但不可妄自希冀非常的奇恩……辨別奇恩的真確性及其合理的運用，是治理教會者的責任，他們應特別負責不使神恩息滅，卻要考驗一切，擇善固執。」[3]很明顯的，這些指導綱領在教會內快要被完全忽視了。因此大公會議徒勞無功地宣告所有領受了聖神恩典的人——即使是平信徒——都有權利與義務在主教的指導與分辨下去運用這神恩。我很高興地見到現在有一些運動興起，能夠幫助主教們做分辨工作。亞西西神恩復興運動（Assissi Charismatic Movement）就是一個例子。這是一個很廣闊的範疇，值得努力開發。

具有神視與超感的人

我將這兩類人放在一起討論，因為他們的特質大致相同。前者能**看見**，後者能**感覺到**；兩者都透過與物體或與個人的接觸來表達他們所經驗到的。因為這個議題包括了很多面向，所以我就不多加討論，而只就我所專長的部分發表一些意見：在魔鬼對人、

2 瑪竇福音12章33節。
3 宗徒大事錄4章29－30節。

物，以及住所的騷擾這個範圍內，這些人的影響。

有些具有神視和超感的人常常會與我聯繫。有時我會直接打電話給他們，請他們來參加一些驅魔禮，找出他們看到或感覺到的東西。我能夠分辨出他們的答案是否魔鬼告訴他們的。有些人一看到或一接觸到附魔的人，就會立即感到有問題。有時只要有附魔的受害者在他們附近，他們就會感到渾身不自在；也有時他們可以看到魔鬼碰觸他們，並可以描述出來。只要將可能被附魔的人的一張照片、一封信或一件物品交給這些人，他們就能感應出一切是否正常、魔鬼是否存在，或是這個人因為在對別人施行邪法而使自己處於危險中。

即使只是聽到某個人的聲音，他們也可以發現問題。例如，有些人覺得自己可能受到魔鬼的騷擾，就打電話給有神視或超感的人，從而得到正確的答案。有神視或超感的人常被人邀請進入一些發生過怪異事件、可能受到魔鬼侵擾的房屋，因為他們可以感覺到那裡是否有魔鬼存在。他們能夠偵測到被施過邪術的物件，必須將這些物件燒毀才能去除這些邪術的影響。例如，他們可以指出一個枕頭或一個床墊有問題，當這枕頭或床墊被割開時，就發現了之前我曾描述過的怪異物體。

然而，他們不一定每次都會說對，他們的「感覺」必須要經過確認。他們還能夠追溯一個人的生命歷程，以驚人的精準度指出魔鬼的影響在哪個年齡開始發生，如何及為何發生，以及與之相關的癥狀。有時他們甚至可以指出是因誰的計謀造成魔鬼的影響。

有一天，當一位請我去驅魔的人帶我進入他家的客廳時，我想起我忘了跟一位有「超感」的人有電話之約。我趕忙打電話給他，而他立即說：「你等下要去為一位五十多歲的人驅魔。他十六歲時被他父親的仇人施放了魔鬼符咒。他們給了他一杯在杯底藏有巫術的酒喝。從那時起，這個年輕人就感覺身體不適，病況越來越嚴重，但所有醫藥都不起效用。過了幾年，他父親過世後，他的病情立即開始好轉。但是，因為他的頭腦受害太深，以致他無法工作。你可以盡力祝福他，但我擔心恐怕不會有任何效果，因為這個魔鬼在很久之前就已根深蒂固了。」結果一切都如他所預料的。另外一次，當我在為人驅魔時，有一位有「超感」的人也在場，她告訴我，我應該要在這個人的身體那個部位用聖帶覆蓋或傅油，因為這些部位受到的魔鬼影響最嚴重。驅魔結束後，這位受害者證實，這些部位是他感到最疼痛的地方。

我可以繼續舉出更多例子。我要說的是，許多有神視或超感的人，都表示願意為我提供意見。我選擇諮詢的這幾位，都是常常祈禱、富有良善和慈愛之心，並且非常謙虛的人。如果不是我碰巧發現，或是因為有人告訴我他們的才能，他們自己是絕不會告訴我的。這些天賦是什麼？神恩？超自然的能力？我比較相信這是一個可以用來服務他人的天賦，但我也不排除這是一種神恩的可能性。我從來沒有看到這些人有疲倦或失去能力的跡象。我看到這些人因為使用他們的天賦，而使其能力逐漸增強，因此我相信這些人是具有超自然的天賦。我要再說明一點，真正有神視或超感的人很少。但是有很多人自認他們具有這些天賦，並以此聞名。我們必須非常小心。

其他有特殊力量的人

接下來，我們還會提及幾個類型的人，這些人包括：神醫、生命能量（般那）治療師、巫師，以及吉普賽人。

◆神醫

這裡我只討論那些藉著傳送某種特別形式的能量，主要是藉著覆手來治病的人。我們完全踏入了艾米樂·薩瓦迪奧（Emilio Servadio）教授的領域，他是義大利一位超自然現象的專家。因為我不是這方面的專家，我只能說這些神醫，如同人類的知識與醫生，對於魔鬼造成的病症完全沒有任何效果。

◆生命能量（般那）治療師

在過去幾年中，聲稱自己擁有這份天賦的人，與自命為神醫的一樣，人數暴增。我無意試圖解釋般那或生物原生質（bioplasma）的理論。正統的科學界正在研究這種現象，但尚未認可。拉古魯阿神父在他的《釋放的祈禱》一書中所作的結論是：「如果治療師是以向患者傳輸能量來治病，無論是一種心電感應或是其他形式的能量，這都與神恩治療無關。此外，這也有被魔鬼滲透的危險，所以我們必須極端謹慎。」

我認識一些非常無私、信仰虔誠的生命能量治療師，他們本著真正的慈悲之心，以自己的天賦來造福他人。不幸的是，這類人極其稀少——「千分之二」——這是著名的威尼斯驅魔師艾利提神父告訴我的，證實了我們應謹慎看待生命能量療法。我們必須精準地分辨果實及方法，才能認出樹的好壞。

◆巫師

我已經花了很多篇幅來討論他們。我要再說一次，巫師可能藉著魔鬼的力量來為人進行治療。在這治療過程中，魔鬼可能偽裝成外星人或引路的鬼魂來介入。耶穌告誡我們要提防「假基督和假先知」。4

另外有一類與魔鬼的力量毫不相關的神醫，他們其實是一群假巫師，只是江湖郎中，這些人會給患者護身符、絲帶及錦囊來行騙。我燒過一頁從筆記本上撕下來的普通紙張，上面只有胡亂的塗鴉，捲起來用線綁著——這個「護身符」價值八千美金！另外一位來向我求助的人，付了這兩倍的價錢，買了一小袋的廢物，而他以為這個可以治好他的許多疾病。

◆吉普賽人

我必須要討論一些關於吉普賽人的事，因為在歐洲他們無處不在。我不再重複前面已經敘述過關於使用塔羅牌的人以及一些騙子的事，而要舉一些例子，從不同的角度來觀察這個現象。

我曾經為一個被魔鬼附身的女人驅魔，她為很多病痛困擾甚久，但她從沒有懷疑是否由魔鬼引起的。有一次，一位受過她幫助的年輕吉普賽女孩告訴她：「太太，你生病了，因為有人在你身上施了符咒。你去拿一個新鮮的雞蛋來給我。」女人給了她雞蛋後，這位吉普賽人就將雞蛋放在女人的胸口，同時用一種很奇特的語言誦念了一段像是禱詞的簡短話語，然後她將雞蛋打破，從中出來了一條小蛇。幾個月後，這位女士又幫助了另一位來自其他部落的年輕吉普賽女孩，從那個女孩口中，她又聽到了幾乎相同的話：「太太，你有這麼多病痛是因為有人在你身上下了符咒。你必須要找人幫你把這符咒去除掉。你去拿一個新鮮的雞蛋給我。」這一次，女人和她的丈夫一起回來。年輕的吉普賽女孩將雞蛋放在這位女士的胸口，念了一段類似禱詞的簡短話語之後，將雞蛋打破。這一次，有一綹頭髮掉出來。

我有一個朋友，他是住在羅馬的醫生，有一次他從拉特朗的聖若望大殿（Basilica of Saint John Lateran）出來時，有一個年輕的吉普賽女孩走近他，向他討錢——那裡總是有吉普賽人乞討錢。他拿出皮夾想要給她一美元，但因為沒有零錢，他就給了她十美元。吉普賽女孩對他說：「你總是對我很慷慨，所以我也想要回報你。」她遂告訴他，他有一些健康上的問題——作為醫生，他很清楚自己有這些問題，但是像典型的醫生一樣，他漠視了自己的健康問題。她也警告他，他已被人鎖定為詐欺的對象，他必須要防止這事的發生。最後證明這些都是真實的。

4 瑪竇福音12章33節。

我們要如何解釋這些事件呢？這很不容易。有些吉普賽人似乎具有世代相傳的超自然的力量，但這只是特例。在吉普賽人中，巫術像各種迷信的行為一樣，非常盛行。這些行為已經流傳了幾個世紀，現在這種力量仍然母女相傳——一直都只有女人從事這種巫術。

附帶一提：對於有神恩的人、超感的人，以及驅魔師而言，有一種強烈的誘惑是他們常要面對的：為了尋求最快的治癒方式，不惜偏離正軌而不以神聖的方式獲得恩典，以致不自覺地陷入了魔法的陷阱。例如，我們看到有人使用一個裝滿水的小盤子，加上幾滴油，再叫出幾個名字，就能得到一些答案，於是我們開始施行一系列的魔法。

我見過有些人走上使用魔法的歧途，但很幸運的，他們察覺到自己所犯的錯誤，而及時回歸了正路。不幸的是，並不是每個人都能如此懸崖勒馬。我也知道某些神父——不是驅魔師——他們使用的一些治療方法得到某種程度的成功，而沒有意識到他們正在訴諸魔法。魔鬼十分狡猾：他總是毫不猶豫地許諾我們世上的一切國度及其榮華，只要我們願意屈膝俯伏朝拜他！

第十五章

宗教禮儀中的「灰姑娘」

梵蒂岡第二屆大公會議已經結束多年，羅馬禮儀經書的各部分都已按照大公會議的決議方針進行了修訂，只有一個部分仍然蓋著「修訂中」的封印，那就是關於驅魔禮儀的部分。的確，我們的教義是基於聖經、神學和教會的訓導，我已經在其他地方對梵蒂岡第二屆大公會議的一些文獻做過詳細介紹。

我不在這裡重複教宗保祿六世對這個議題所發表的三次談話，和教宗若望保祿二世的十八篇演講。我只引用教宗保祿六世在一九七二年十一月十五日的演講中，說的一段話：「誰若拒絕承認（魔鬼存在的）事實，就是否定聖經和教會的教導。同樣的，任何人聲稱魔鬼的存在有其自身的開端，而不像所有其他受造物一樣都是源於天主，或是任何人試圖將魔鬼解釋為偽現實，認為這是以擬人化的概念和幻想來解釋所有未知原因的病痛，也是拒絕聖經和教會的教導。」後來他又補充說：「關於魔鬼，以及他們對個人、團體、整個社會或事件上的影響，是天主教教義中非常重要的一章。我們需要重新審視它並研究它。不幸的是，在今日的實務上，這已被忽略了。」

今天，許多神職人員都將聖經與教會訓導中關於這議題的教導視如敝屣。鮑德喜蒙席的書中寫得非常對：「讓大眾知道教會今天面臨的危機，至少在教義上的危機是什麼，是至關緊要的！」[1]有人說我的許多作品都是針對某些神學家、主教、驅魔師所做的辯論。我不是在爭論問題，而是要彰顯事實的真相。這不僅是教義的危機，更重要的是這攸關牧靈工作的成敗。也就是說，這關係到主教不肯任命驅魔師，以及神父不再相信他應負的這個責任。我不是要以偏概全，但是現在最積極地想要困擾人類的是魔鬼，當魔鬼的受害者要尋求驅魔師的幫助時，他們碰到的總是這個標誌：「修訂中」。

否認驅魔的神學家

我先從神學家開始。我來念一句盧毅・薩托利（Luigi Sartori）被引用最多的名言，他寫道：「耶穌治癒的這些人中，很可能有些只是神經錯亂，而不是真正的附魔。」這是一種最惡毒的含沙射影，而且完全是捏造的。

福音總是很清楚地區分「治癒疾病」與「從魔鬼中釋放」，就像福音也很清楚地區分耶穌賦予門徒的是「治癒疾病的權力」或是「驅逐惡魔的權力」。福音的作者在提及某些疾病時，也許無法使用現代科技的名稱，但是他們絕對有能力分辨疾病和附魔的情況。無法分辨這兩種情形的是薩托利，而不是福音的作者。

1 *Il diavolo* (Piemme), p.163

我們曾經強調過，驅魔在基督的行動中具有根本的重要性。七十二位門徒接受耶穌派遣，兩個人一組去宣講福音，他們歡喜地回來後，要總結事工的成果時，提到了一件事：「主！因著你的名號，連惡魔都屈服於我們。」耶穌向他們說：「我看見撒但如同閃電一般自天跌下。」[2]對於這段敘述，薩托利以這樣的「正向肯定」來總結（我們應該不用為此感到驚訝）：「耶穌這位奇蹟的創造者，他所呈現最重要的就是愛的力量，他建立了彼此關愛的關係；這是他可以創造奇蹟的原因，而不是因為他像巫師一樣，擁有神聖而神祕的力量。」[3]不，可敬的神學家，耶穌不是要人同情，他也不具有巫師的神秘力量。他擁有的是天主的全能，而他以行動彰顯了他就是天主。某些現代的神學家似乎忽略了這些「微妙」之處。

我們來看另一位神學家：盧毅・羅倫澤蒂（Luigi Lorenzetti）。他不諱言：「信徒無法完全地否認某些事件只能以魔鬼來解釋。」但他接著立即補充說：「但是要確定地指出魔鬼存在的實際例子卻很困難，或者應該說，根本不可能。」如果這是不可能的，那麼就無法相信耶穌基督和宗徒所做的驅魔釋放。因此，耶穌賦予教會的驅魔權力就毫無用處，教會關於驅魔的規範也就毫無用處，驅魔師也一樣。不，可敬的神學家，你或是像你這樣的神學家們，無法確定地指出魔鬼存在的實際例子，是因為你們在這個領域完全沒有任何經驗，所以就很輕率地結論說：「一般而言，只要我們以自然科學（而不是魔法魔鬼）的理論來解釋這些現象，就絕對錯不了。」[4]這就好像說，因為我不想被指為異端，所以我**理論上**相信魔鬼的存在，但**實際上**我並不相信，因為在實務層面上我只信任自然科學。

如果連有名望的神學家都抱持這種想法，那麼單純的神父要如何相信呢？每天我都會親身碰觸到這些不信的結果。有時，這些神學家將驅魔師與那些「想要發橫財而用高明手段詐騙無辜民眾的騙子」視為同類。

我要舉西西里島巴勒摩市的薩爾瓦多．卡約內（Salvatore Caione）神父為例。《天主教家庭》（*Famiglia Cristiana*）在一篇名為〈巫術不存在〉（Hexes do not exist）的文章中引用了他的話。[5]他將製造符咒的、用塔羅牌的、驅魔師全部視為騙子，並將所有人都視為一丘之貉——他完全無視驅魔師是由主教依《天主教法典》任命的事實。毫無疑問的，有很多人應當為自己的輕易被騙負責，但是，我們不能以錯誤來教導真理。這些細

---

2 路加福音10章1－18節。
3 《天主教家庭》第19期，一九八九年五月十日。
4 《天主教家庭》第39期，一九八八年十月五日。
5 《天主教家庭》第6期，一九八九年二月八日。

微之處，都是卡約內神父和那些抱持相同意見而沒注意到其中巨大謬誤的人避而不談的。

當我們把錯誤與真相混合在一起時，會產生的後果也就可想而知、不足為奇了。驅魔師很少，因此人們自然會轉求於人數眾多的巫師。沒有任何人教導信徒。我曾為一個附魔十年，飽受痛苦折磨與摧殘的修女驅魔。我打電話告訴她的總會長說，她不應該等到病人已經奄奄一息了才打電話給醫生，應該在一開始發病的時候打電話給醫生。會長回答說：「你說的沒錯，但是沒有任何神父教導過我們這些事情。」她還告訴我，那位修女看過不知多少位神父——更不用說醫生了——然而，當所有已知的療法都無效時，卻沒有一個人想到這個疾病的真正原因可能是由魔鬼引起。

缺乏傳承與支持

的確，在我的書中我也責備驅魔師。我說「我們失去了教育的傳承」，意思是在教區內沒有具有經驗的驅魔師訓練接班人的這種傳承。因此就會發生一些驅魔師連最基本的程序都不了解的窘況。我曾指責過義大利都靈教區的驅魔師協調人，基塞佩·魯塔（Giuseppe Ruta）蒙席，他在一九八八年三月三十日接受《天主教家庭》採訪時，很肯定地說：「惡魔的發作時間很有限，只會持續幾個小時或幾天。」這種無知的回答顯示他完全沒有最基本的經驗。事實上，他還繼續說，每一個來向他求助的人「從來都沒有顯示出任何需要驅魔的徵兆」。

我自己這九年來在竭精殫慮的繁重工作中（工作多到我被迫必須削減工作量），為人驅魔超過數萬次。我記下每一個附魔之人的名字：其中有九十三人，到目前為止曾附魔了十年左右。有些人長期、固定來接受驅魔，有時長達十五年或更久，但仍未被釋放。

我也曾強烈批評過佛羅倫斯主教座堂的告解神師基塞佩・維吉尼尼（Giuseppe Vignini）蒙席在《托斯卡納日報》（*Toscana Oggi*）發表的四篇文章（一九八八年十月和十一月）。因為一個驅魔師竟然寫說魔法、黑彌撒、下咒語等等只不過是「異想天開，沒有殺害力的人為做法」。他肯定地說驅魔不是聖事，只是簡單的祈禱，而無視於驅魔其實是一項聖儀；他不經思考地草率結論說，在實務上根本不應該施行驅魔禮，所以請恕我直言，我必須告訴他：「年輕人，先把你的本行學好，要不然你就改行算了。」

我知道有一些驅魔師甚至連本《驅邪禮典》都沒有。他們不知道有哪些必須遵守的規範以及必須誦念的禱文。他們只知道義大利文翻譯（而且並不完整）的教宗良十三世的驅魔禱文，而且只會誦念。全球各地的新聞都曾大肆報導過在德國克林根堡（Klingenberg）發生的安娜莉絲・米契爾（Annelise Michel）事件。這位二十四歲的女孩，歷經了漫長的系列驅魔過程後，在一九八六年夏天去世。由於兩名驅魔師被指控並受到司法審判，因此這個案件上了新聞。報紙和其他刊物[6]所發佈的資料，都暗指兩名相關的驅魔師太急於認定這是附魔的情形。這也顯示了這兩名驅魔師——雖然他們所做的都經過女孩的父母同意，並且父母也都在場——只憑這女孩自己所說的話，來導引他們決定哪些事有助於將她從魔鬼侵擾中釋放。

然而，後來凱斯柏・布林格（Kasper Bullinger）所著的《安娜莉絲・米契爾》（Altotting: Ruhland, 1983）一書對這事件的真相做了更深入的研究。這本書對這案件研究的結果，實際上洗刷了這兩位驅魔師的罪責。這本書論證了授權驅魔的主教及兩位神父所行之事都完全合宜，並指出這位女孩死亡的原因與施行及領受的聖儀毫無關聯。縱然如此，這一事件仍影響到神父們接受任命擔任驅魔師的意願。

最後，我要把箭頭指向主教們。確實，我對他們有些怨言，因為我愛他們，希望他們得到救恩。《天主教法典》沒有關於「怠忽職守」的條文，但是關於審判的福音經文，譬如〈瑪竇福音〉第25章所講述的，很清楚地向我們指明，「當為不為」也是一個不可原諒的過失。

我心中記憶最鮮明的，是那位聞名的總主教在一九八八年十一月二十五日發表的那篇極端糟糕的言論。那次他以貴賓身分出席扎瓦里（zavoli）主持的一個收視率很高的電視節目。總主教似乎在誇耀他從沒為人做過驅魔禮，也從沒指派過任何神父擔任驅魔師。所幸，可敬的弗敏葛利（Formigoni），他是「聖體與釋放運動」（Comunione e Liberazione movement）的成員，也出席了這個節目，他得以陳述基督徒的觀點。

我也聽到其他主教們對驅魔之事的評論，我不是泛指所有主教，但這些評論真是有損義大利主教的名聲。這些評論是來自義大利各地請我驅魔的人告訴我的，因為在我同意為他們驅魔前，都會要求他們先去找他們的主教幫忙。這裡我只提一些我最常聽到的評論：「我不會指派任何驅魔師，這是原則問題。」、「我只相信心理學。」、「你還相信這些事？」、「我找不到任何神父願意擔任這個職務。你去別處找吧。」、「我不指派神父，也不自己做驅魔禮，因為我害怕如果魔鬼與我做對，我要怎麼辦？」、「我真想知道是誰灌輸了你這些白癡的觀念。」

我還可以舉出更多這類的評論。每一個這樣的回答都會讓聽到的人非常難過，我懷

6 例如，華特·凱斯柏（WalterKasper）和萊曼（Lehmann）合著的《惡魔附身》（*Diavoli demoni*, Queriniana, 1983）。

疑說這些話的人是否也感同身受。大多數這些人，是在肯迪度神父為他們做了驅魔，並警告他們還需要更多次驅魔之後去詢問主教的。因此，這些受害者去見他們的主教時，都已經被一位知名而且合格的驅魔師診斷過，卻還是聽到這些回答。

作為一名驅魔師，我要感謝波雷蒂樞機的貼心與主動。我相信每一位驅魔師也都會對他的主教懷著同樣的感激之心。我無意概括而論，然而，驅魔師的稀少，很清楚地顯示出，總體而言，主教們都無意在這方面多費心思。

其他教派的看法

若論其他歐洲國家，情況則比義大利還要糟糕。我曾經為來自德國、奧地利、法國、瑞士、英國和西班牙的人驅魔。這些人本來是因為仰慕肯迪度神父的名聲而來，但最後他們必須接受他的學生（我自己）的驅魔。這些人都表明他們在本國無法找到驅魔師。有一位來自瑞士的專業人士向我保證，他曾經打電話給他國家的每一位天主教的主教，但得到的只是負面的答覆。我不是說這些國家沒有驅魔師，只是說，在那裡很難找到。為了驅魔專程來羅馬，絕不是一件輕鬆的事。

我再重申一次：國外的情況比義大利還差。讓我舉一個很值得我們思考的例子。我在美國的神職弟兄（聖保祿會）想要把鮑德喜的《魔鬼》這本書翻譯成英文出版，在他們按照教區審核員的指定要求，刪除所有涉及附魔的內容後，才終於獲得准印。這是常見的錯誤：在理論上我們不否認魔鬼的存在，因為我們不想被人視為異端，但當我們面對確切的實例時，會堅決地否認。

另一方面，有些基督新教的教派做法不同。即使在羅馬，也有一些基督教派非常重視此事。我親身見證過很多次，當事件發生時，他們先調查情況，經過分辨的程序之後，如果證實確有魔鬼的活動，他們就會很有效地進行驅魔。顯然，不僅是天主教徒，而是所有相信基督的人，都有以他的名驅逐魔鬼的權力。我們絕不應嫉妒他人，而應該尋求福音的教導，如同宗徒若望（使徒約翰）告訴耶穌說：「我們見過一個人，他因你的名字驅魔，我們禁止了他，因為他不跟從我們。」耶穌便駁斥了宗徒。[7]

神恩復興運動的成員在踏上「釋放的祈禱」的路上時發現，這些祈禱必須要有嚴謹的規則來帶領，但它們非常有效。蘇南斯樞機（Cardinal Suenens）寫了一本專門用於規範這種祈禱的書：《神恩復興與黑暗的力量》（*Renewal and the Power of Darkness*, Pauline

7 馬爾谷福音9章38－40節。

Editions, 1982）並由拉青格樞機（Cardinal Ratzinger，日後成為教宗本篤十六世）為其作序。他寫道：「剛開始時，許多與神恩復興運動有關聯的天主教友發現，在其他基督徒的傳統中，主要是獨立教會或五旬節教派，也有驅魔的措施。他們從過去到現在仍然閱讀的書，大部分都來自這些教派。在他們的文獻中，有非常豐富的關於魔鬼和其追隨者的資訊、巫術及其研究……等等。在天主教會內，這個領域已荒蕪了。教會對這項牧靈工作的教導，不足以回應我們這個時代的需求。」

這些抱怨是我在下一章將會討論的主題。這裡，我要強調的是我們應向那些更遵從福音教導的人學習。在這一方面，就像在研讀與推廣聖經的事上，天主教會比不上一些基督新教的教派。我不厭其煩地要提醒大家：理性主義與物資主義汙染了部分神學家，而他們對主教與神父有很大的影響。為這些謬誤付出代價的卻是天主的子民。我只知道有一位義大利的主教也是驅魔師，就是「非洲米林戈」（African Milingo），而他受到各方的反對。我知道教宗若望保祿二世至少執行過兩次驅魔禮。任何人若是可以提供我更多這方面的資訊，我會非常感謝。

我坦白承認，我寫這本書的目的之一，就是希望能對天主教會內重建驅魔的牧靈工作之事有些許貢獻。這是主耶穌對我們的要求，若我們沒有遵行，是不可原諒的疏失。

相關資料

聖依勒內的思想

我要講一個比較古代的神學家——聖依勒內——的事蹟，以便讓我們現代的神學家們能夠從他身上學習到些什麼。這是從一九八九年九月的《超自然跡象》（*Il segno soprannaturale*）月刊上節錄、整理出來的，編輯者是一位化名「阿爾卑」的偉大老師。

依勒內大約在公元一四〇年生於小亞西亞。他是里昂的主教，亦是高盧教會（Gallic Church，是指法國大革命期間的羅馬天主教會）的創始人。他大約在公元二〇二年過世，可能是受害殉道。他的主要著作《反異端論》（*Against the heretics*）對諾斯底派（gnostics）的異端抱持全然拒絕的態度。諾斯底派認為世界是出於邪惡的造物主。依勒內駁斥說，真正的造物主是「道」（Logos）——也就是天主聖言。

天使是天主所造的世界的一部分。魔鬼也像所有其他天使一樣，他在本質上永遠是一個受造物，因此他低於天主，並受制於天主。魔鬼想要反叛，因此自天跌下。這是為何撒但是叛逆者的原祖，也是世界的騙子，他「想要欺詐我們的意識，蒙蔽我們的心靈，企圖誘使我們朝拜他自己而不是天主」。他的能力是有限的，因為他只是權柄的竊奪者，合法的權柄只完全屬於天主，所以「他無法強迫我們犯罪」。

依勒內繼續說，撒但失去了他作為天使的恩寵，因為他忌妒天主，「希望他自己受到朝拜」。他也忌妒人，因為人是天主的肖像，相似於天主。因為他的忌妒，他處心積慮地想要反對人。這是為何他懷著險惡的心思進入伊甸園，想要導引我們的原祖走向毀滅。

依勒內也是第一位闡述並發展出原罪理論的基督信仰的神學家。天主創造了亞當和夏娃，將他們安置在樂園內快樂地生活，並使他們與祂自己保持著親密的關係。撒但知道他們的弱點，遂偽裝成蛇進入了花園，誘惑他們。

若是天主沒有給人選擇善或惡的自由，撒但的鬼魅伎倆也無從施展。撒但「沒有強迫」第一個男人及第一個女人犯罪，他們自由地選擇了罪惡，因為天主創造他們時特別賦予他們自由選擇的恩典。撒但只是個誘惑者，但他非常執著並且善於此道，因為他忌妒我們原祖的最初狀態。

由於亞當和夏娃的抉擇，所有人都參與了他們的罪，從那時起，我們已使自己成了魔鬼的奴隸。更糟的是，我們無力選擇釋放自己。我們因為受制於撒但，而扭曲了我們所擁有的天主的肖像以及與天主相似之處，我們將自己置於死地。伊甸園的幸福粉碎了。由於我們以自己的自由意志背棄了天主，將自己置於撒但的手中。因此，我們只得被撒但掌控在他的權勢下，直到我們獲得救贖。「嚴格的說，從正義的角度而論，天主可以把我們永遠遺留在撒但的手中而不顧。然而，因為祂的恩慈，祂派遣了祂的聖子來拯救我們。」基督的救贖行動始於撒但對新亞當（耶穌）的誘惑，如同他誘惑第一個亞當的「重演」。但是這一次，魔鬼失敗了，被基督徹底地擊敗了。我們從基督徒的傳統中，學得了對耶穌受難的救贖行動的三種主要詮釋：

第一種解釋：由於基督降生成人，人性被聖化、提升、轉換，和拯救。

第二種解釋：基督是獻給天主的祭獻，使他與人和好。

第三種解釋：贖價論（theory of ransom）。依勒內是第一個強力支持這個理論的人，這個理論是基於下列這些假設：「因為撒但合法地奴役了人類，天主願意犧牲自己作為代價來贖回我們的自由。只有祂才能付出這個代價。只有天主能夠自由地將自己交付出來；沒有人可以自由地選擇，因為我們的原罪已經剝奪了所有的自由。天主為了讓我們得到釋放，交付了祂的聖子耶穌作為魔鬼的人質。基督的苦難使魔鬼失去了力量，讓我們得以脫離死亡和詛咒。」

依勒內同時代的另一個主要學說獻祭論（theory of sacrifice），主張基督同時是人也是天主，他自身承受了人類所有的罪，並本著他的自由意志自願接受死亡，如此就向天主付足了所有的代價。雖然贖價論的論述在當時尚不成熟，但它反映出初期教會的教父對基督與撒但之間的靈性戰爭的重視。這個理論與早期基督徒溫合的二元假設大致相通。依勒內認為，基督是新亞當，他將我們從死亡的鎖鏈下解放出來，這個綑綁我們的鎖鏈是由第一個亞當的軟弱所造成的結果。這個「重演」的概念（新亞當，基督，消彌了第一個人所造成的傷害）是依勒內基督論的核心：「撒但被基督擊敗後，仍然竭盡全力地阻擾我們的救贖。」他鼓吹異教信仰、偶像崇拜、巫術和邪惡，尤其是異端及叛教。異端及分裂者是撒但軍旅中的一員，他們不追隨基督真正的教會。他們是撒但的代理人，在這場全面戰爭中與基督為敵。」

依勒內認為，保衛基督徒對抗魔鬼的是基督。當基督徒誦念禱文、呼求基督的名號時，魔鬼就落荒而逃。然而，戰鬥尚未結束，因為只要造物主許可，魔鬼仍會繼續試探所有受洗成為基督徒的人。天主允許這種試探是為「懲罰他們自己所犯的罪過，更加潔淨他們，並教導他們要以手足的愛相互扶持」，在靈性內彼此安慰與堅忍；但最重要的是要使他們「常保警醒及堅強的信德」。

一份梵蒂岡研究魔鬼的文件

你們絕不要認為只有我注意到某些神學家犯了嚴重的錯誤。有很多神學家將魯道夫．布特曼（Rudolf Bultmann）視為教會的新教父。布特曼及其他人寫道：「我們不能既要使用電燈和收音機，或在生病時求助於現代醫學，但同時又相信聖經新約向我們講述的靈性世界與奇蹟。」[8]

認為科技進步就證明了天主的話已經過時的人，明白地顯示出是缺乏思考能力。有許多聖經學者和神學家都認為，若不跟隨這個趨勢，就無法「與時俱進」。在我們前面提過的《魔鬼附身》那本書中，作者萊曼引用了一個有關天主教神學家的有趣統計數字：他們之中有三分之二的人接受關於惡魔的傳統教義（在理論上），但是他們在實際上及牧靈的層面上拒絕這些教義。也就是說，他們不想要正式反對教會，但實

8 *Nuovo Testamento e Mitologia*, Queriniana, 1969, P. 100.

際上他們不接受教會的教導（第一一五頁）。另外一個有趣的數據：天主教神學家表現出對附魔和驅魔的知識非常膚淺（第二十七頁）。這也是我長久以來一直的看法。

梵蒂岡的信理部（The Congregation for the Doctrine of the Faith）對此情況非常清楚，因此委託一位這方面的專家做了一個調查研究。研究的結果於一九八五年六月二十六日，以〈基督徒信仰與魔鬼研究〉（Fede cristiana e demonologia）為標題發表於義大利版的《羅馬觀察報》。這篇文章後來成為教宗發布的正式文告的一部分。[9]

接下來，我將引述其中的一部分。我的主要目的不只是要教導信徒，更是為了要教育那些被誤導的神學家，他們在研究和教導中都避免提及撒但的存在，即使聖經上明明就有說：「天主子所以顯現出來，是為消滅魔鬼的作為。」[10]不提魔鬼的存在，我們就摧壞了救贖；不相信有魔鬼的人，就是不相信福音。

許多世紀以來，教會一直譴責各種形式的迷信、過分著重撒但和魔鬼、不同形式的邪教，或執念依附這些靈體。我們如果因此認為基督信仰忘卻了基督的普世王權，使撒但成為他講道的首要論據，將主復活的福音變成恐怖的訊息，這樣的指責是不公平的。實際上，如果我們相信歷史已經完成了，救贖已經達到了全部的目標，因此不再需要從事新約聖經與靈性教師所說的戰鬥，這將是一個致命的錯誤。

然而，常見到的是，許多人公開質疑並否認「撒但」的存在。有些評論者自認為他們可以站在基督的立場發言，指稱耶穌從未說過任何話來確認魔鬼世界的存在。他們解釋說，任何斷言撒但確實存在的說法只是反映出猶太經典的觀念，或者這只是新約聖經的傳統而不是耶穌基督所說的話。由於這個傳統不屬於福音的中心意義，所以它不應該限制我們的信仰，我們可以任意將其拋棄。

其他更客觀並且激進的神學家，雖然他們承認聖經清楚地描述了魔鬼的存在，但他們也立即補充說，在今日的世界，即使是基督徒也都無法接受這些記載；因此，他們也把這些排除了。另外有些人認為，關於撒但的觀念不論其出處為何，都已無關緊要，如果我們堅持要為這個觀點辯護，我們的教導將會失去可信度，並且會阻礙我們對天主的關注，而天主才是我們唯一需要關切的。

上述所有的說法都認為：撒但和魔鬼的名字只不過是神話和功能性的擬人化，其目的不外是要強調邪惡和罪惡對人性的強烈影響。因此，這只是一種言語的表達

9《梵蒂岡文獻》（*Enchiridion Vaticanum*）第5冊38卷。
10 若望一書3章8節。

方式，在現在這個新時代，我們需要對此重新解讀，以找到一種不同的方式來教導基督徒，他們有責任要與世界上所有的邪惡勢力對抗。

這類觀點由許多書籍和一些神學詞典以飽學之士的姿態呈現，實在令人極為擔憂。瞭解聖經科學的人必會察覺到他們正面臨著一個企圖改變群眾意見的運動；令人不禁要質疑的是，這個打著詮釋聖經的名義而進行去神話的過程，會將他們引領到何方。

在關於基督傳道生涯的敘述中，他治好附魔人的主要事件的發生地，都具有關鍵性的地位。從這些驅魔事件所引起的反應中可以明顯地看出，耶穌所行的驅魔都呈現並指向他使命中所遇見的問題以及他的身分。耶穌從來沒有將撒但放在福音訊息的中心位置，而是在關鍵時刻所做的重要聲明中論及了撒但。

首先，他在曠野中接受魔鬼的試探，作為他公開傳道的起始。馬爾谷對這件事的簡潔敘述與〈瑪竇福音〉和〈路加福音〉的描述一樣，都具有確實性的意義。接著，耶穌在他的〈山中聖訓〉和他親自教導我們的祈禱文〈天主經〉中警告我們，要對抗這個敵手。

在這些觀點上，許多聖經學者——他們都有禮儀儀式的背書——意見一致。〈默示錄〉是一幅宏偉的壁畫，最重要的是，經由這幅畫照亮了復活的基督的力量；基督的復活是他的福音所見證的。〈默示錄〉宣告被宰殺的羔羊獲得了勝利，但是如果我們沒有從這勝利中看到一場長久爭鬥的結束，那就是完全誤解了這個勝利的本質。撒但、他的使者，以及他們的歷史代理人都加入了這場戰爭——他們個別介入或是經由人類力量的介入來反對主耶穌。事實上，是〈默示錄〉揭開了整部聖經中魔鬼諸多謎似的名字和符號，而終於暴露了他的身分。

在人類世世代代的歷史中，魔鬼的行動在天主的眼簾下發生。很顯然的，大多數的教會教父，從奧利振開始，就已不再認為墮落天使所犯的是肉身的罪，而認定他們的墮落是肇因於他們的驕傲——那就是他們想要被提升到高於他們的地位，以確定他們的獨立，而能被尊為神。除了撒但的驕傲外，許多教父強調撒但對人的邪惡。根據聖依勒內的說法，魔鬼的背叛始於他嫉妒天主所造的人，因而祂企圖促使人反對他的創造者。特士良說撒但企圖以魔法抄襲基督所創立的聖事，來對抗天主的救恩計畫。因此，教父的教導很忠實也很充分地反映出新約的教義與取向。

第十六章

重建牧靈工作的方向

驅魔事工的現況

「因我的名驅逐魔鬼」1這句簡潔有力的話證明了，為最初幾世紀的基督徒而言，〈馬爾谷福音〉足以作為使人得到釋放的全部牧靈工作的指南。

儒斯定、特士良，以及奧利振都告訴我們：每個基督徒都是驅魔人，也就是說，每個基督徒都有秉持信心以耶穌之名驅逐魔鬼的權力。後來，驅魔的儀式逐漸擴充並且更制式化，在這期間，教會當局也開始對驅魔的工作加以規範，將最嚴重的案例只委派給具有足夠能力的適合人選來處理。同時，教會也增加了聖儀，准許每一個人在比較輕微的情況下採用。

從十七世紀開始，最嚴重的驅魔案件只有主教及他們授權的神父可以施行（這點到現在仍然一樣），如此一來每個教區都可有足夠的驅魔師。然而現在，對驅魔實務的懷疑危機，導致主教們不願面對本屬於教區日常牧靈工作一部分的問題——是否有足夠的驅魔師。這種現況造成的後果是，神父既沒有充分的準備，也不願意接受這個任務。《天主教法典》告誡堂區神父應特別關切照顧受苦的家庭與個人；幫助貧窮的、患病的、無助的，以及陷於特別困難中的人（法典五二九條）。毫無疑問的，這些指示包括照顧那些遭到魔鬼侵擾者的特殊需要。但誰相信這些受害者呢？

因此，求助於巫師、術士、塔羅牌和符咒的人日增；只有非常少數的附魔受害者在落入這些人手中而嘗到苦果之前，就向驅魔師求助。我們看見了聖經中有關阿哈齊雅王（亞哈謝王）的話正在實現。當這位國王病得很嚴重時，他派遣使者去詢問厄刻龍（以革倫）的神巴耳則步布（或譯：巴力・西卜，他是魔王！）關於他的未來命運。先知厄里亞（以利亞）攔阻了這些使者，問他們說：「你們去求問巴耳則步布，難道在以色列沒有天主嗎？」[2]今天，天主教會放棄了這個特別的使命，迫使她的子民不再向天主求助，而轉向撒但。

「今天教會最需要的是什麼？不要以為我們的答案太單純或是迷信不實：今天最需要的就是防禦我們稱之為魔鬼的那個邪惡。」這是教宗保祿六世在一九七二年十一月十五日所說的一段話。教宗的話雖然是針對更廣泛的領域，但顯然也包括驅魔在內。

負責修訂《驅邪禮典》的工作團隊，面對的是非常複雜的任務。除了要修訂驅魔的祈禱文和規範外，還需要有處理驅魔事務的整體牧靈工作的做法。

1 馬爾谷福音16章17節

2 列王紀下1章1－4節。

現行的《驅邪禮典》直接提到的只有附魔的情形，這是所有魔鬼活動中最嚴重也最罕見的。在實務上，驅魔師會處理所有類型的撒但侵擾：魔鬼迫害（比完全附魔的情形要多很多）、魔鬼擾念、房屋的侵擾，以及其他的魔鬼行動，並且我們的祈禱都有助於改善這些情況。俗話說：「自然不會大躍進，只會經由進化慢慢地前進。」這句話也適用於形容撒但的活動。例如，被魔鬼迫害和附魔之間沒有很明確的區別，正如被魔鬼迫害和其他邪惡之間的界線也不清楚一樣。有些身體的疾病可能是由魔鬼造成，正如魔鬼也毫無疑問地會影響某些形式的道德疾病（習慣性的重罪，尤其是在最嚴重的狀況下）。

我的經驗是，當懷疑患者的病源可能與魔鬼有關時，除了為病人做一般性的祈禱外，簡短的驅魔也會有幫助。有時我在聽告解時，如果我面對的是一項特別頑強的罪，我也會做一個簡短的驅魔。教會的倫理神學聖師，聖雅風·利古力（Saint Alphonsus Liguori）告訴來辨告解的信徒說，如果神父懷疑有魔鬼的侵擾時，**在開始做任何事之前**，必須先為這位信徒做個別驅魔。

嚴格來說，按現行《驅邪禮典》的規定，只有在疑似附魔的情況下驅魔師才可介入。所有其他受到魔鬼影響的情況，都可以使用一般求取恩典的方式來解決：祈禱、聖事、聖儀、團體祈禱等等。如果任由個人行動來解決其他魔鬼影響的情況，而且沒有任何具體的規範，影響的範圍就太過廣泛了。本章的附錄有一份教廷信理部於一九八五年九月二十九日寄給所有主教的信。這封信旨在提醒主教現行的規範，但沒有論及正在修訂《驅邪禮典》的委員會所面臨的複雜問題。我不知道主教們是否有向修訂委員會提出意見及建議，但是以目前對此事興趣缺乏的狀態來說，我十分懷疑。

實用的建議

蘇南斯樞機是對驅魔問題感受最深的一位主教。他非常了解當前的現實狀況，因為他自己經歷過神恩復興運動的團體以祈禱來做釋放。

前面我曾提過他的書中寫道：「沒有受到任命，沒有驅魔禮，就施行讓人從魔鬼控制下釋放出來的禮儀，很容易招致責任劃分的問題，這個問題一定要處理、解決。乍看之下，界線似乎很清楚：當有附魔的疑慮時，只有主教和他所授權的神父可以行驅魔禮。所有其他的情況都屬於開放並且不受管制的範圍，因此任何人都可以從事。」

然而，蘇南斯樞機非常清楚地知道，真正附魔的情況很少見，並且需要特別和專業的診斷才能確定。因此，他接著說：「除了真正的附魔外，所有其他狀況都像一個邊界模糊、劃分不清的領域，充滿了困惑和混淆。非常複雜的術語更無助於簡化事情；因為缺乏共同的定義，在同一個名稱下可以找到許多不同的問題。」[3]

在接下來的幾頁中，蘇南斯樞機提出了很實用的建議：「別的不說，至少有一件最有助益的事，就是我們可以列示出專有名詞，清楚而準確地區分**釋放的祈禱**和**釋放的驅魔**之間的差別，並把重點放在魔鬼。在附魔的情況下，只有主教有權決定是否要進行釋放的驅魔。然而，除了完全附魔的情況外，沒有明確的界線決定是否要施行驅魔。」[4]

說實話，我覺得可以按照下列的標準來清楚地劃分：真正的驅魔禮只有主教或他委任的代表可以舉行，這是一個**聖儀**，因此它會呼求教會的轉求；所有其他驅魔儀式，即使是整個團體一起祈禱，也只是一種**個人祈禱**的形式。我不知道為何蘇南斯樞機沒有將驅魔禮稱為聖儀，而唯有一種形式的釋放堪稱為驅魔禮。雖然他的書中有幾章專門討論聖儀，並且引用了很多例子，但他沒有將驅魔禮列入。在我看來，若將驅魔禮包括在聖儀中，至少會使它的定義明確。我相信蘇南斯樞機會諒解我的這個意見。

蘇南斯樞機也提出了下列實用的建議：「我建議不僅要按照舊規將附魔的案件保留給主教處理，也應將所有疑似受到魔鬼侵擾的情況歸於他的裁決。雖然驅魔部門已經消失，但至少主教會議作為一個次級團體，都可以要求羅馬恢復設置此一功能。」[5]蘇南斯樞機建議，允許授權給平信徒處理較不嚴重的驅魔案件。

在我前面引用過的，拉古魯阿神父很精闢的那本書中，他提出了其他建議。他提到了蘇南斯樞機的建議，並加了一些其他的建議，可以在等待教廷做出決定前的過度時期內使用。這些建議非常實際，如果被採用的話，很適合提供給正在修訂《驅邪禮典》的委員會參考：

每個教區應由主教任命一個由三或四人組成的分辨小組，與每一位驅魔師一起工作，每個小組都應包括一名心理學家和一名醫生。每一起疑似惡魔侵擾的案件都應提報給這個小組。小組做了適當的研究後，應將患者轉介到恰當的地方：醫生、驅魔師，或祈禱團體。所有輕微的狀況應轉介給祈禱團體，只有最嚴重的情形才轉介給驅魔師。每一個祈禱團體都應有神父出席。因此，釋放應該被視為**病人牧靈照顧**的一部分。

應該明確定義，治療方法需涵蓋下列事項：宣揚福音、告解聖事和聖體聖事的禮儀、神操，以及參與祈禱團體。不用說，在輕微的事件中，除非有獲得授權的神父出

3《神恩復興與黑暗的力量》第95頁。
4 同上，第119－120頁。
5 同上，第121－122頁。

席，不得允許祈禱團體進行驅魔禮，而只能為患者祈禱。[6]

增加驅魔師的人數並訓練他們正確地執行他們的事工，並不是唯一的挑戰。還有許多已知的問題必須解決，才能使教會禮儀書中的這一章不再繼續被蓋上「修訂中」的戳記而密封。魔鬼永遠不會停止他的活動，而主的僕人在睡覺，正如種子和莠子（稗子）的比喻告訴我們的。[7]

我們需要邁出的第一步，也是最根本的一步，就是喚醒主教和神父重新認知聖經以及教會訓導長久以來一直傳達的，甚至藉著第二次梵蒂岡大公會議、過去幾任教宗的教導，以及我在前幾章引用過的，近期發布的《天主教教理》所傳達的健全教義。我寫這本書的主要目的是為了要促進這個覺醒，因此無論有多少讚美、好評，或多麼地暢銷，為我而言都無關緊要，唯有達成這個目標，我才會認為自己是成功的。

6 同上，第113－114頁。
7 瑪竇福音13章24－26。

相關資料

教廷信理部發布的一份文件

這封發給世界各地教區教長的信，旨在提醒他們現行有關驅魔的準則。我不懂為何有些報紙把它當作「新的限制」來討論。其實沒有什麼新規定，但最後的勸勉很重要。只有第二段也許可以稱之為新規定，因為它重申信徒不可自己施行教宗良十三世的驅魔禮，但信中並沒有提到神父需要主教許可才可施行，我不知道這個區別是否信理部的原意，因此我對第三段的解釋有些疑問。這封信的發信日期是一九八五年九月二十九日，下面是我的翻譯：

這幾年來，有越來越多的教會團體聚會，是為了要驅逐魔鬼的侵擾，雖然這些都不是恰當或真正的驅魔。這些團體的驅魔，即使有神父在場，也是由平信徒主持。

由於信理部被問及應如何看待此種情形，特此聲明下列法令是所有主教應採行的反應：

1.《天主教法典》第一一七二條規定，除非得到教區教長特殊及明確的准許，任何人不能合法地對附魔者行驅魔儀式（第一項）。該法典亦說明，教區教長只能將這項准許給予具有虔誠、學識、明智及正直生活的司鐸（第二項）。因此信理部極力敦促各主教應確實遵守這些規範。

2.因此，按此應遵守的法規，任何基督信仰團體成員都不得對撒但及墮落天使用擷取自教宗良十三世制定成法的驅魔禮儀，遑論使用驅魔禮的全部經文。主教應適時提醒信友注意遵守。

3.最後，基於同樣的原因，主教們應保持警惕——在已排除了真正附魔的可能，但某方面似乎顯示出確有魔鬼影響的情況下——那些沒有被授權之人不應主持驅魔禮儀，因為在此類禮儀中，為使人獲得釋放，將使用驅魔禱文直接質問魔鬼，並企圖查明他們的身分，如此將使魔鬼得到尊榮。

然而，宣布這些規範時，不應阻止信友祈求使自己免於凶惡[8]，如同耶穌所教導的那樣。最後，在這些場合中應有神父在場，幫助信友重溫教會傳統對聖事正當功能的教導，以及請求童貞聖母瑪利亞、天使及聖人為基督徒對抗邪靈的這場屬靈戰爭轉禱。[9]

非專業人士攻擊魔鬼是危險的行為

前面引用的信件中警告：沒有被特定授權的人不可與魔鬼直接打交道，並且不可詢問這些魔鬼的名字。〈宗徒大事錄〉所記載的事件就是最貼切的例子：

> 天主藉保祿的手，行了一些非常的奇事，甚至有人拿去他身上的毛巾和圍裙，放在病人身上，疾病便離開他們，惡魔也出去了。那時，有幾個周遊的猶太驅魔者，擅自向附有惡魔的人，呼號主耶穌的名，說：「我因保祿所宣講的耶穌，命你們出去！」有個猶太司祭長，名叫斯蓋瓦，他的七個兒子都作這事。惡魔回答他們說：「耶穌我認識，保祿我也熟識；可是，你們是誰呀？」於是那個身附惡魔的人，便撲到他們身上，而制服了他們，勝過了他們，以致他們赤著身子，帶著傷，從那屋裡逃走了。
>
> 凡住在厄弗所的猶太人和希臘人，知道了這事，就都害怕起來；主耶穌的名字

8 瑪竇福音6章13節。
9 信理部，一九八五年九月二十九日，致各地教區教長函。Prot. no. 291/70; *AAS* 77(1985): 1169-70; *Ench Vat* 9, nn. 1663-67.

也傳揚開了。信教的人中，有許多來承認，並報告自己以往所行的事；其中有好些曾行過巫術的人，把書籍一起帶來，當著眾人的面燒燬了；他們估計書價，得知共值五萬銀幣。這樣，主的道理大為發揚，日漸堅固。10

除了這七個兄弟的不幸之外，我想指出的是群眾的轉變，他們不再施行巫術（撒但的邪教），而接受了上主的話（天主的信仰）。這與曾經發生在以教會權柄執行驅魔事工的肯迪度神父身上的事情大不相同。

有一天，他在為一位很強壯的女人驅魔，當時也有一位精神科醫生在場。這位女士很容易被激怒。突然間，這個女人從椅子上跳起來，緊握著拳頭，以自己身體為軸心地轉動——好像運動員預備用力擲出鐵餅之前的旋轉身體——她用盡全力擊中了驅魔師右邊的太陽穴，撞擊的聲音在整個大聖器室內迴響。那位精神科醫生擔心地衝向神父，但是肯迪度神父若無其事地繼續驅魔，臉上保持著他一貫的微笑。

驅魔儀式結束後他說，他感覺像似有隻絨手套撫摸了他的太陽穴。顯然，有來自天上的力量保護了他，毫無疑問地，這是一個奇蹟。

10 宗徒大事錄19章11－20。

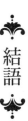

結語

這本書我已經寫到了結語，但仍有很多我可以說的還沒說。我寫這本書的目的，是要將我親身經驗的成果轉變為對讀者的實際幫助，因為到目前為止，沒有其他任何書籍這樣做。我希望這本書對所有關心驅魔這個話題的人都能有所助益。我特別掛心的是我的神職弟兄們，他們至少應該確實地瞭解關於這個主題的基本知識，因為他們必須要能夠分辨情況，是否有惡魔的侵擾而需要驅魔，或是驅魔對此情況是徒勞無功之事。雖然我已經說過了這些，但因為這是至關緊要的，所以值得再說一次。

我必須感謝波雷蒂樞機，當他賦予我這項任務時，我毫無心理準備地就貿然接受了。現在我體認到，我被賦予這個任務，並非由於我有任何特長，而是為了使我所擔任的神職工作角色得到滿全；如同我主禮彌撒、講道、聽告解一樣，在必要時，我也應主禮驅魔。我很感謝有機會幫助這麼多受苦的人，往往他們需要的只是一句了解他們的話。現在我覺得，如果我沒有這個能力，我就只完成了半個神父的任務，雖然驅魔是一項特殊形式的神職任務，但這實是（或至少應是）神職任務中至關緊要的一項。

我也要說，我從這項神職工作中獲得了很大的靈性上的益處。因為我可以說是用手碰觸到了不可見的世界，我的信心也因而增長。因為在面對這許多病苦時，我不時感到人是如此地無能為力，從而使我更加專注於祈禱生活，並且益感卑微；我們越虔誠、專注地祈禱，就越體認到我們實是「無用的僕人」。如果上主不接管，我們努力的成果以及我們由經驗所獲得的能力就都毫無價值。當我說「毫無價值」時，絕不是誇大其詞；這是聖保祿說的：「使之生長的是天主。」[1]

我也要駁斥一個普遍的想法，我不知道這種想法是如何讓相當多的神職人員也相信，那就是：相信魔鬼會對驅魔師報復。我的老師肯迪度神父，做了全職驅魔師三十六年，他的身體有些病痛，但那是因為年齡的緣故，而不是由於魔鬼。來自威尼斯本篤會的艾利堤神父從事驅魔工作四十年，這個事工沒有使他的健康改善，也沒有使其惡化。

我會反覆地強調這一點——我也請求你相信我：魔鬼在他被允許的範圍內，已對我們每個人都做了最大可能的傷害。若我們認為只要不招惹魔鬼，魔鬼就不會侵犯我們，這是個謬誤的想法。這種念頭不僅錯誤，更背棄了我們的神職使命；因為我們的使命應是全力地帶領人靈歸向天主，必要時要將他們從魔鬼的權力下解放出來。為此，傳播福音是首要之事，之後是聖事，最後是包括驅魔在內的聖儀。一個害怕惡魔報復的神父，有如一個害怕狼的牧羊人。這是毫無根據的恐懼。

高估魔鬼所做的任何報復，以圖阻擾驅魔師是無用的。這種例子很罕見，我只提其中的一件。某天，有位神父在幫助肯迪度神父為一名年輕人驅魔。在儀式進行中，這位受害者的衣服著火了；但沒有什麼，只是他的肩膀稍微被燒到。他的母親後來告訴我們，他的內衣也被燒到，但這位年輕人沒有受傷。然而，在這事故發生的過程中，突然有一股硫磺的氣味傳來，這時魔鬼轉而威脅這位神父，他將會遭到非常嚴重的後果。

幾天後，這位神父從那不勒斯開車前往羅馬的途中，突然有兩道燈光從側面趨近他的車。他不知道發生了什麼事，便決定開到加油站去查看。在接近加油區的時候，他的車起火燃燒起來。神父立即停車，取下鑰匙後，逃出車外。其他車輛的駕駛奔向神父的車，大喊說：「車上還有人，車上還有人！」神父無法讓他們相信，剛才只有他自己一個人在開車。突然，這輛燃燒中的車的引擎自己發動起來，並且開始慢慢往前移動，像一個火球般滑向汽油幫浦。在這同時，有股強烈的硫磺氣味在空氣中飄散。神父察覺到這氣味與他在驅魔時所聞到的一樣，便開始祈禱。汽車就立即停止了，但仍然繼續燃燒

1 格林多前書3章6節。

到車子全毀。

我舉出這個案例，是因為我想要呈現全面的描述，但如果我們把這視為常態，那將是以偏概全——這確實只是一個特例。每個人都知道，即使不驅魔，神父的工作也總是帶著風險，而且不安逸。聖伯多祿會說：「分受了基督的苦難，反而要喜歡，這樣好使你們在他光榮顯現的時候也能歡喜踴躍。」[2]為了靈魂的益處，所有犧牲都值得。

神父必須要對他的神職有信心：他必須相信上主賜給他的力量，他必須跟隨宗徒以及在他之前的聖潔神父的腳步。若望二十三世在開始擔任教宗時就提醒眾人，要效法聖衛雅司鐸。確實，聖衛雅將靈魂從撒但的掌握中解救出來，但他卻因魔鬼而承受了許多痛苦。在另一方面，他不是驅魔師，也不曾為任何人驅魔。掌控一切的是上主，他決不會讓我們受到超過我們能力的試探。然而，如果我們因為怯弱而退縮，放棄職守，我們就有禍了。

我們有聖神的恩賜、聖體聖事、天主聖言、耶穌聖名的權力、童貞聖母的護祐、天使及聖人的代禱；我們若害怕那手下敗將，豈不愚昧？我向無玷聖母瑪利亞祈禱，她是撒但的對敵，在第一次復活的傳報時，她就已戰勝了魔鬼，祈求聖母在我們塵世的戰鬥中，光照、護衛、保守我們，直到我們得到永恆的賞報。我特別為天主教的主教們祈禱，他們有義務要對所有受到魔鬼傷害的人負責，願他們遵照教會的法典和傳統來回應這項需求。

無玷瑪利亞！以她作為本書終結的論述，讓我得到極大的慰藉，因為天主賦予她反對撒但的意志。她是無玷的，因為她從未被原罪（original sin）或本罪（actual sin）玷汙；也就是說，她從未對撒但讓步。她終身童貞，因為她的身體及靈魂終身都屬於天主；聖言由她取得了肉身。

當我們想到「道成肉身」（Incarnation）的重要時，我們就想到了魔鬼，他沒有身體，只是純精神體。由於他的傲慢，想要成為所有受造物的中心；但是，在道成肉身之後，他不得不接受基督才是創造的中心，是真神也是真人的事實。他也被迫承認，道成肉身也標註了他潰敗的開始。這就是為何他用盡一切伎倆企圖迫使人的身體成為罪的根源。他試圖羞辱人的身體，破壞它，以作為他對道成肉身的聖子的憤怒反應，因為聖子犧牲了自己的身體拯救了我們。我們可以體認到這個聖母信條的重要性：對抗撒但的卒世童貞瑪利亞，是完成天主計畫的一個工具。

瑪利亞稱自己是上主的婢女，而她成為天主之母，從而獲得與三位一體獨特的親密

2 伯多祿前書 4章 13節。

關係。我們可以想像撒但對這件事的反感：他拒絕了天主，並且背離了祂，他成為離祂最遠的受造物。這應使我們意識到撒但的徹底失敗，他從天堂的喜樂墜落到永恆的責罰。

瑪利亞，我們的母親、教會之母、諸寵中保，不斷向我們顯示她按著基督的意旨所做的工作——基督選擇了他的母親參與他聖化人靈的工作。她也向我們顯示了她堅決反對撒但的所有作為，因為撒但所行之事都與天主對人的計畫完全牴觸，而且撒但正是為此目的而迫害我們，以一切可能的方式誘惑我們。即使撒但成為了所有不幸、罪惡、痛苦和死亡的根源，他仍不滿足，而試圖拖著我們與他一起進入永恆的詛咒。

我要就此打住了。在寫了四本關於聖母瑪利亞的書籍之後，我不打算在該為本書寫結語之時，開始寫第五本。大作家孟佐尼（Manzoni）用他慣用的常識警告我們，一次寫一本書就夠了，有時候，一本都嫌多。

釋放的祈禱

✝抵抗魔鬼的祈禱

上主，求祢垂憐。

天主，我們的主，萬世的君王，強有力的全能者，祢創造了萬物，並按祢的意願塑造萬物。在巴比倫祢將火窯中燒得「七倍熱」的火焰變成甘露，保護並拯救了三位聖潔的青年。

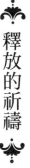

祢是我們靈魂的導師和醫生。祢是所有向祢祈求的人的救援。我們懇求祢消除並驅逐所有惡魔的力量、出現和圖謀，使其無力為害；當任何惡魔侵擾、巫術、惡魔的眼光，以及所有魔鬼行動夾著忌妒及惡意企圖傷害祢的僕人時，請賜給我們豐足的善良、堅忍、勝利，和慈悲。

噢，上主，祢愛世人，我們懇求祢伸出祢強力的手和祢至高全能的臂來救助我們。請救助我們，因為我們是按祢的肖象所造；請派遣祢的和平天使臨於我們，保護我們的軀體和靈魂。

願祢阻擋並克服所有出自墮落及忌妒的人，以及攻擊我們的邪惡力量、毒藥，或巫術行為。願我們能在祢的權柄保護下感恩地歡唱：「上主是我的救援，我還有什麼懼怕？我不再畏懼魔鬼因為有祢同在，我的天主，我的力量，我強有力的上主，和平之主，萬世的天父。」

上主我們的天主，求祢垂憐我們——祢的肖像——求祢拯救祢的僕人……免於所有來自魔鬼的威脅與傷害，保護祢的僕人使他高於所有魔鬼之上。天主之母，卒世童貞，榮福瑪利亞，無上光耀的總領天使，以及天上諸聖，請為我們祈求。阿們！

✝基督的靈魂

基督的靈魂，聖化我；基督的身體，拯救我；基督的寶血，酣暢我；基督肋旁的水，洗滌我；基督的苦難，堅強我；噢，慈善的耶穌，俯聽我；在祢的聖傷內，隱藏我；切莫讓我離開祢；保護我，免於魔鬼；在我臨終時，召喚我；讓我來到祢台前；與祢的諸眾聖人一起讚頌祢，直到無窮之世。阿們。

十 對抗所有邪惡的祈禱

我們的天主之神，聖父，聖子，及聖神，至聖天主聖三，無玷童貞瑪利亞，天使，總領天使，天上諸聖，請臨於我。

請淨化我，上主，塑造我，將祢充滿我內，用我。

求祢驅逐我身上所有的邪惡力量，摧毀它們，征服它們，使我得以身體健康，行為正直。

求祢剷除我身上所有的符咒、巫術、黑魔法、妖術、束縛、詛咒，以及惡魔的眼光；惡魔的侵擾、壓迫、附身；所有邪惡的以及罪惡的、嫉妒的、背信的、嫉恨的；身體、心理、道德、精神上的魔鬼疾病。

求祢讓這些惡魔在地獄中被焚燒，使他們永遠無法再碰觸到我或全世界上的任何其他生物。

我憑藉全能天主的力量，以耶穌基督我們救主的聖名，因無玷童貞聖母的轉求，命令所有騷擾我的力量永遠離開我，讓它們被發遣到永劫的地獄，在那裡受總領天使聖彌額爾、聖加俾額爾、聖辣法耳，以及我們的護守天使的管制，並被無玷童貞瑪利亞的腳跟踏碎頭顱。

✝內心療癒的祈禱

主耶穌，祢的臨在醫治了我們創傷及煩亂的心靈。
求祢治癒造成我心焦慮的苦痛；
求祢特別癒合所有造成罪惡的成因。
求祢進入我的生命，治癒在我早年所受到的心理創傷，
以及我一生中由此所帶來的傷害。
主耶穌，祢知道我背負的重擔是什麼。
我把它們全部交託在祢善牧的心中。
我懇求祢——以祢心上巨大敞開的傷口的恩典——來治癒我的小創傷。
求祢治癒我記憶中的痛苦，使所有曾發生在我身上的事情，不再使我充滿焦慮地陷於痛苦和惱恨之中。
主啊，請治癒我的所有創傷，它們造成的罪惡根植在我的生命中。
我願意寬恕所有傷害過我的人。
但我內心的傷痛，使我無法原諒。

祢寬恕了受苦的心靈，請祢治癒我的心。

我主耶穌，請癒合導致我身體疾病的內心深處的創傷。

我將我的心靈奉獻給祢。

主，請祢接受它，淨化它，並賜給我祢聖心的愛，

請幫助我成為溫良、謙遜的人。

主啊，請治癒我，帶我走出失去親人的沮喪與哀傷。

請賜我重獲平安與喜樂的力量，因為我知道祢是復活與生命。

請使我成為一個真實的見證人，見證祢的復活，

祢戰勝罪惡與死亡，祢臨在並生活在我們之間。

阿們。

✝釋放的祈禱

我主，祢是全能的，祢是天主，祢是我們偉大的父。

我們因總領天使彌額爾、加俾額爾，及辣法耳的轉求與幫助，求祢使我們被惡魔奴

役的兄弟姊妹們得到釋放。

天上的諸眾聖人，請來幫助我們。

當我們焦慮、哀傷、痴迷時，主啊，求祢解救我們。

當我們仇恨、淫亂、嫉妒時，主啊，求祢解救我們。

當我們陷於怨恨、憤怒、死亡的情緒時，主啊，求祢解救我們。

當我們每一次興起自殺和墮胎的念頭時，主啊，求祢解救我們。

當我們有任何形式的罪惡性行為時，主啊，求祢解救我們。

當我們處於破裂的家庭，以及會造成傷害的朋友關係中時，主啊，求祢解救我們。

當我們受到各種符咒、魔法、巫術的影響，或陷於邪教中時，主啊，求祢解救我們。

主，祢曾說「我把平安留給祢們，我將我的平安賜給祢們」，因著卒世童貞瑪利亞的轉求，求祢將我們從各種魔鬼的詛咒下釋放出來，常享祢的平安。我們這樣祈求，是因我們的主，耶穌基督之名。阿們。

國家圖書館出版品預行編目資料

驅魔師：梵蒂岡首席驅魔師的真實自述 /加俾額爾・阿摩特(Gabriele Amorth)作 ; 王念祖譯. -- 初版. -- 臺北市 : 啟示出版 : 家庭傳媒城邦分公司發行, 2017.07
面；　公分. -- (Knowledge系列 ; 18)
譯自 : Un Esorcista Racconta

ISBN 978-986-95070-0-4(平裝)

1.神學　2.靈修

242.5　　106010437

Knowledge系列018

驅魔師：梵蒂岡首席驅魔師的真實自述

作　　者／加俾額爾・阿摩特 Gabriele Amorth
譯　　者／王念祖
企畫選書人／彭之琬
總 編 輯／彭之琬
責任編輯／李詠璇

版　　權／吳亭儀
行銷業務／王　瑜、張媖茜
總 經 理／彭之琬
事業群總經理／黃淑貞
發 行 人／何飛鵬
法律顧問／元禾法律事務所 王子文律師
出　　版／啟示出版
台北市南港區昆陽街 16 號 4 樓
電話：(02) 25007008　傳真：(02)25007579
E-mail:bwp.service@cite.com.tw
發　　行／英屬蓋曼群島商家庭傳媒股份有限公司 城邦分公司
台北市南港區昆陽街 16 號 5 樓
書虫客服服務專線：02-25007718；25007719
服務時間：週一至週五上午 09:30-12:00；下午 13:30-17:00
24 小時傳真專線：02-25001990；25001991
劃撥帳號：19863813；戶名：書虫股份有限公司
戶名：英屬蓋曼群島商家庭傳媒股份有限公司城邦分公司
訂購服務／書虫股份有限公司客服專線：（02）2500-7718；2500-7719
服務時間：週一至週五上午 09:30-12:00；下午 13:30-17:00
24 時傳真專線：（02）2500-1990；2500-1991
劃撥帳號：19863813 戶名：書虫股份有限公司
讀者服務信箱：service@readingclub.com.tw
城邦讀書花園：www.cite.com.tw
香港發行所／城邦（香港）出版集團有限公司
香港九龍土瓜灣土瓜灣道 86 號順聯工業大廈 6 樓 A 室；E-mail：hkcite@biznetvigator.com
電話：(852) 25086231　傳真：(852) 25789337
馬新發行所／城邦（馬新）出版集團 Cite (M) Sdn. Bhd.
41, Jalan Radin Anum, Bandar Baru Sri Petaling, 57000 Kuala Lumpur, Malaysia.
Tel: (603) 90578822 Fax: (603) 90576622 Email: cite@cite.com.my

封面設計／李東記
排　　版／極翔企業有限公司
印　　刷／韋懋實業有限公司

■ 2017 年 7 月 25 日初版
■ 2024 年 3 月 12 日初版 9 刷
定價 360 元

Printed in Taiwan

城邦讀書花園
www.cite.com.tw

 ISBN 978-986-95070-0-4